第一部从微信这个

MW01591944

微 海 闲 集

——开放在黄昏中的生命之花

宛霞 著

08120/2016

美亚出版社
2016年8月

目　录

前　言

　　《微海闲集》这本第一部从微信这个虚拟的世界诞生的丛书，尚未出镜，已是桃花遍野，落红纷纷！千呼万唤，定以绝色示人，不负众望！

　　《微海闲集》是我的处女作，是我人生写的第一部新书。历时两年，约10万字。沉淀的都是金沙，浓缩的都是精华！写作和整理这本书，是为了完成自己人生的一个念想，也一如自己坚守的处世原则那样，对己对书高要求，对人对事低期望！

　　一直小心翼翼地、充满期待地呵护着这朵从虚拟世界里开出的花。一朵开放在黄昏中的生命之花！选择书这种传统形式，是因为她能让人感知真实世界一种可触摸的存在。她的体重、她的质地、她的芳香、她的精致、她的婷婷玉立……，无论开合，她就在那里。而网络文学，微信帖子等等现代媒介，打开时她在，合上时就无影无踪了！

　　在真实的世界里留下一点痕迹，一直是我青年时代的梦想，没想到这一梦想的实现却姗姗来迟，比她应该出现的时间晚了30年。

　　这本《微海闲集》不是一篇小说，不是一则故事，不是一首诗，是一篇散文。这篇散文是思想火花，是岁月絮语，是偶拾，是从生活感悟中汇集的点点滴滴……。所以，段与段，页与页之间，你可能找不到逻辑性，但你可以从书中的任何一个部分开始阅读，而不用担心其连续性，书其实也可以是这样的！

　　感谢微信这个现代化的平台，让人在不经意间，在过去的两年里，将生活中的各种时间边角料，编织搭配成了美丽的花环，摧生了一件精美的艺术品！

　　现在我要将这件精美的艺术品献给大家！而且，还得继续做微信的弄潮儿，在广博的烟如浩淼的微信知识的海洋里，继续坚持不懈地吸取精神的食粮！希望《微海闲集》第二集，不久将与大家见面！我可怜的虽经岁月依旧炯炯的眼睛……

除了微信上的写作外，本书还收录了来美国之后写的零散的文章和部分QQ日记。希望大家喜欢我的《微海闲集》并享受阅读的快乐！

宛霞(Xia Saxe)
2016年4月22日写于美国波士顿

图1：2016年7月，作者宛霞手持书稿在波士顿家中留影。

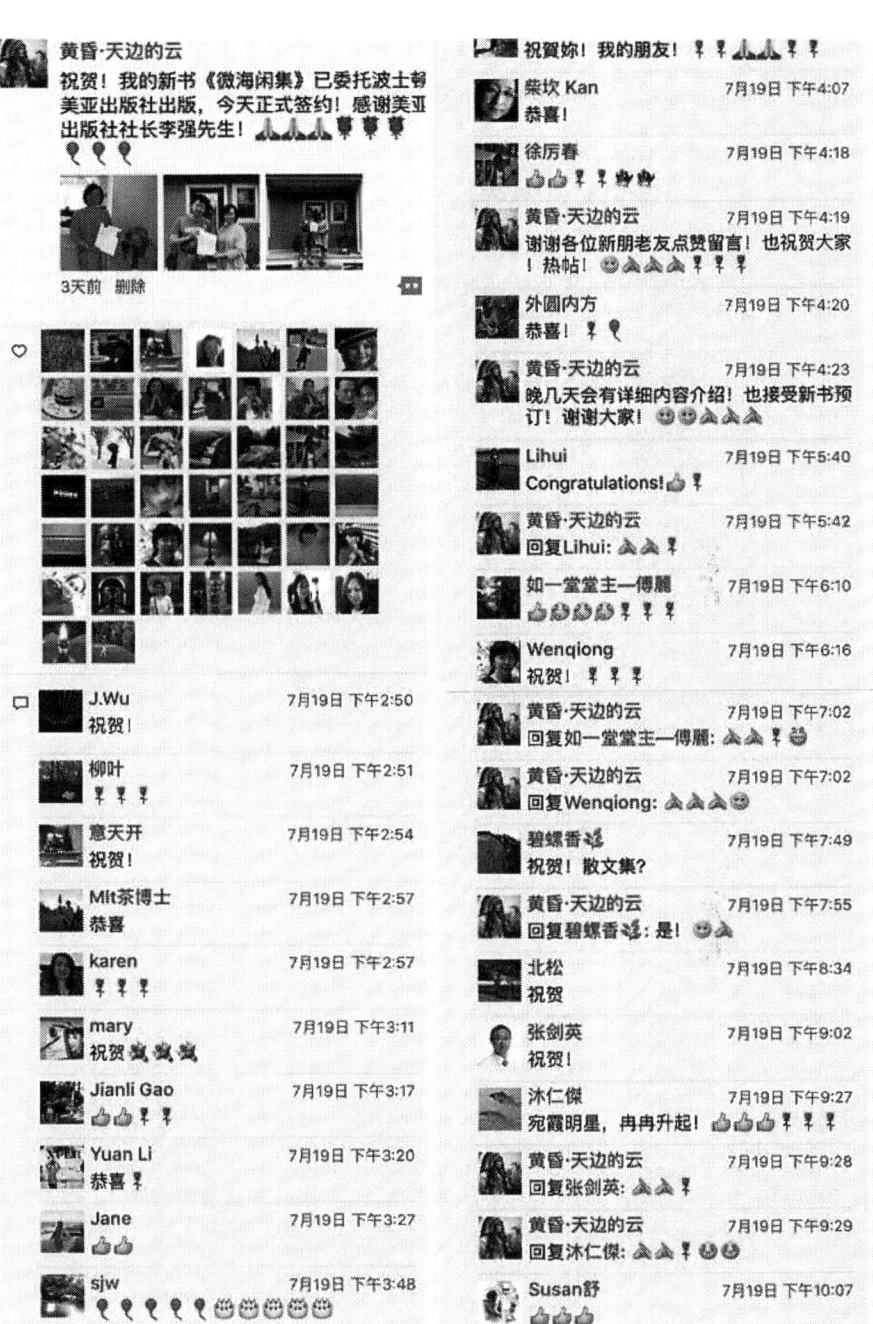

图2：作者宛霞在微信朋友圈分享即将出书的消息。

序

图3：作者宛霞（中）与序的作者孙兰女士、白焱女士在一起

心灵的房间

宛霞，这个非常像笔名的真名，初闻给人的印象就是——"晚霞"，璀璨又温情，夺目却不刺眼，恢弘大气的气场，引力自生，魅力难挡。周围的人，都会渐渐被她吸引……

知道宛霞喜好音乐，是世纪合唱团的团长，有一副让人过耳难忘的醇厚中音，同时还是一名颇具造诣的古董鉴赏与收藏爱好者。还知道宛霞，惊叹于她的妙手生花，匠心独运的手工首饰，别具心思的精美插花，还有那独一无二的窗帘布艺——不胜枚举的才艺让这个女人熠熠生辉；知道宛霞，看见她气度从容，温婉优雅，平和有光，行云流水……其实，我们这些自以为已经知道了、认识了宛霞的人，还没有了解她的内心。

了解一个人的内心需要了解她的所思所想！她的眼睛，那是离心最近的窗口。窗口打开，与日常的生活共振同步，与外界通气；窗口闭合，可以恣意地展现真实的自我，清晰而真诚。就像伍尔芙说过的，一个女人应该有自己的一间屋，它是一个女人心里的单间。这部《微海闲集》，就是宛霞自己的单间。在这里，她卸下设防的外衣，褪去世俗的标签，将由内心伸出的柔软又尖锐的触角轻轻搭在她由衷喜爱或关注的事物之上……

"艺术聊斋"里，宛霞转动着手中的多棱镜，将多重的艺术形态平铺展开，娓娓而叙。美术、音乐、文学、古董……她就像是一个艺术的炼丹士，从这些妙处汲取营养，提炼成丹。她将此部分定义为散文，但在我看来，更像是评论，而且非常"点睛"，有时仅是寥寥几句，便精准地凿出了从混沌到明晰的通途，读来有拨云见日之效。

从"艺术聊斋"中能感受到宛霞见解独到的艺术品味，回味悠长。但因此单纯地把她想象成阳春白雪的文艺女就大错特错了。在"政治与民族性格之批判"中，又让我们惊讶地发现，温文尔雅的她竟然在时政分析上也目光如炬，以其鹰隼的犀利和尖锐利爪，一戳一点直中要害。但她的剖析又不是"学院派"的，没有强加式的说教，倒像是邻里见面聊几句，蓦地就让人觉得她说得有道理，润物细无声地就被洗了脑。

"杂谈"是宛霞与微信好友的互动。她用轻盈的笔尖跳着芭蕾，旋转着跳过一个个的朋友圈，用真诚的述评赞赏朋友的文字。有时也带有一些调皮的尖刻，像是玫瑰的刺，那些心意相通的朋友们偶尔被字里行间的小鞭子抽到，会当作是小惊喜来收藏。微信里的宛霞确实更活泼、更卖力和更接地气，用她自己的话形容，是"每天挖地三尺，爬楼三千，为微信朋友圈的朋友们挑选最好的贴！俯首甘为孺子牛！"

前面三个部分的文字其实有一种共性：短小、原味、随意。每一段都独立成篇，合在一起就是一片细碎的满天星，自开自落，不迎合不屈就，始终以一种"我"的舒服姿态来行文。但"杂文"一章回归到传统散文集的轨道，这里面收录了宛霞这些年来撰写的散文、游记、诗歌、翻译……读来让人有"大口咀嚼"的满足感。所以这一章的"杂文"指的不是文体——它是说，这一部分是"杂烩的文章"。

书的最后一部分"摘录"是宛霞的阅读笔记，是可以攻玉的他山之石，更是她的馆藏。现代人的阅读时间与精力都有限，以致很多美妙的文字都淹溺于浩渺无边的文字海洋中。宛霞的摘录，就是一种打捞与陈列，为这些养在深闺的精彩文字掀开了盖头，也方便我们一些人的"速读"需要。

王鼎钧先生曾说，"珍珠不该是蚌的私藏"，好的东西要与人乐乐方为乐。因此在最后，要感谢作者宛霞的无私分享，打开自己心灵的房间，以用心打造的《微海闲集》宴飨读者，让我们可以畅饮其间，大快朵颐，尽享其文字的优美与魅力，直至酣畅淋漓……

孙兰
2016年7月11日写于美国波士顿

一本源于微信的新书

两三年前，微信这个东西还未降临我的世界，每天起早贪黑屋里忙着养娃，屋外赶着上班。偶尔喘一口气的功夫，也是仰天看看浮云，羡慕那一块块闲云飘过，无意间瞥见屋顶边角的蜘蛛网，便跳起来捣毁那零星的烂网断丝，这样冲冲冲的生活状况，大致如此吧。

在那之后，朋友圈里开始了微信，势头如那加州的山火，来势汹汹。遇到的朋友，人人向我推荐它的好。

伊始，疯狂的加友，即使有些朋友是一面之缘。这其中，和宛霞便是这一面之缘的君子之交。

放在之前，这样的朋友大凡点头而过，随即消失在人海中。然而，有了微信这样的媒婆，我和宛霞在朋友圈里始终保持着藕断丝连。每日的闲暇不再仰天看浮云或冲冲冲个不停，偷来的片刻一股脑都献给了微信和诸如宛霞这样的朋友圈……直至发展到现在，每日窥视宛霞的朋友圈已然成了一种习惯。

从朋友圈看人，大致和管中窥豹差不多的效用，窥视宛霞的朋友圈，我始终是津津乐道。首先，因为不太熟的缘故，没有每个发帖都必须点赞的压力；其次，宛霞在朋友圈发的内容很个性化，内容五花八门，上下贯通，很有纵深感。或从对自家花草呵护中直叹大自然的奇妙；或对某人文革的遭遇，而引发出对历史和人性的反思；或倾听大提琴手如歌如泣的乐章，而如醉如痴不可自拔；或因欣赏青花瓷的美，继而对某艺术品收藏现象一针见血……！读宛霞在朋友圈发的内容，恍惚坐上了凌霄飞车，能从现代穿越到远古，喝口茶水的功夫，又呼地加速回到民国……。内容丰富，多彩多姿，对于我这类苦苦挣扎在养娃做饭漩涡里的伪文青很有诱惑力；第三，也是自己个人最看重的，宛霞在朋友圈发的内容里见不到华丽的词语堆砌，亦没有风花雪夜无病呻吟，主打朴实平缓的文字描述。不疾不燥，缓缓道来，偶尔点缀一两句警词叹语，佐之以个人情绪和感悟，喜怒哀乐，笑骂戏谑，尽在其中……。这，宛如大部分人的生活，米饭面条加一两个小炒，偶尔来一顿火锅调剂，平平淡淡如饮茶般的小日子，很真实很滋润！

从宛霞的微信群衍生出来的这本《微海闲集》，形式上做了更科学的调整组合，内容上一如既往。与我，这本书会成为自己的口袋书，在地铁、等车、排队、午休期间，间歇里拿出来，随便翻到某一页便可开读，随便停到某一页也是OK。这，与传统上的小说、散文等大不相同，称它为"新概念书"，也许恰如其分。

揣着这样一本口袋书，未来的我还是马不停蹄的养娃做饭，上班挣钱。只是，偶尔闲时，头顶着朵朵浮云，无意间撇见房顶边角筑起的蜘蛛网，我不再着急去捣毁那些个网了。有了这样的心情和功夫，打开口袋书，随便翻到一页慢慢读个片刻，让心静静沉淀下来。这个，算不算是提高了生活质量？

白焱
2016年7月12日写于美国波士顿

图4：作者不同时期的照片。

图5：作者同家人合影。

　　微信是通俗文学，是时尚快餐，但却能将最前沿的信息，以最快的速度传递给你。没有它，你就是一个落伍者！换句话说，你就是一个只知埋头拉车，不知抬头看路的人！

　　微信将给人们的生活，思维方式带来极大的改变！

　　——宛霞（Xia Saxe)写于2014年

黄昏·天边的云
Massachusetts Boston

扫一扫上面的二维码图案，加我微信

图6：作者宛霞的微信二维码。

第一部 艺术聊斋

➢ 关于艺术
➢ 关于音乐
➢ 关于文学和其他

图7：2016年5月，摄于哈佛大学艺术博物馆。

　　"一个真正的艺术家最终达成了一种统一，即她的艺术就是她的生命本身，她的生命成为了艺术！表达永远在变，形式一直在增增减减，但不变的是灵动的，丰富的，纯粹的生命本源。那么她的艺术将永远是在重生的，是创造的。

　　一个不局限的生命永远在探索着自己的种种可能，它在学习和更新中，保持着它的鲜活。愿每一个人都拥有那样的生命，在爱中经历，在爱中成长，成为"自由的灵魂"！

——摘自微帖《读苏凤（自由的灵魂）》

图8：作者2015年12月在美国波士顿艺术博物馆。

艺术聊斋——关于艺术

什么是艺术，千年之后，还让他的子孙乐不思蜀！艺术的生命力在于几千年之后，还能隔空对话，它能穿越风尘，从远古走来，滋养和影响着今人的生活！

艺术首先要带来感观的愉悦！现代艺术颠覆了所有传统！

发现美的能力，就在那一瞬间！

乱世佳人！犹于出污泥而不染的并蒂莲！那份执着，那份力量，那份气度，那份坚忍，真的沁人心扉！象旷野的清风，林间的小溪，山中的甘泉……，总有人会破茧而出，化蝶成仙！

很欣赏残缺之美，能变废为宝，为艺术再创造。艺术就是在平凡中发现美，惊艳世人！

美有多种类形。如残缺之美，差异之美，变形之美，等等！美是一种领悟！

每种文化都有精华有糟泊，这贴里所表现的无疑是伊斯兰文化的精华部份！

美比妖，魔性！所有的艺术都是 美比妖 更魔颖！而魔性带给人的视觉冲击力则更强大、更深邃、更神秘和更震撼！----真正的艺术就是能带来深入骨髓的强烈的心灵震颤！艺术，某种意义上的阳春白雪！

非常难得！一场雅与俗的相遇！垮物种间的亲密！气脉顿措间！

*   *   *

王曦之把自己的爱憎，情感都融入字里，感觉字是活的，象音乐，有高低，有起伏，表达自己强烈的个性，没有王的境界的人，是仿不来王的字的！这就是艺术与思想的关系！有思想的作家，有思想的艺术家，有思想的画家才能永生！经典与流行的区别就在于它的生命力！看来书法学问深奥，毕其一生，也不一定能项项！

石涛不愧为大家，作品气势磅礴，美纶美幻！

八大山人的画，风格独特，气质超凡。都是大家之手，好作品！

吴冠中先生是大师！眼光犀厉，讲的都是要害，艺术过于市场化，把年轻的画家们都害了。都为了钱，为了市场而画画，艺术是拿来变现的吗？还有象中国好声音，这种速成造星班，很快也会变冷的。

如果慈禧不当皇后，也是一代名流女画家！画里能看出她有很强的思辨能力 和女性特有的细腻、缜密。

这才是与世界艺术接轨的大师----朱德群，一个用西画传递东方水墨精神的艺术家！

创造自己独有风格的人，才能成为大家！古今、中外皆如此！

*　　　　*　　　　*

让沈同学评吧！他的古文、书法、国画懂得比较多。在目前国内国画质量总体不济的情况下，这幅画还是有特色的，风格创意我喜欢，有点蒙太奇，似是非是，欲说还休。

这位俞溢明校友极有才情，表述精彩，点评到位---欣赏！《太阳每天都是新的》比《绿牡丹》高几个层次，老到得多！

这画评怎么跟蒋生的第一幅画作一样----似是而非呢？俞兄不是画家，文学创作而已，没有文学功底创作不出来的。由于市场需要，画评就应运而生，艺术与文学结合的产物。

现在懂得欣赏艺术的人很少，你们喜欢我的东西，我很高兴，有知音了！大部分留学来美的人，都是80、 90年代过来的，没有经历国内改革开放的价段，能欣赏艺术的人很少。我认识的人中，只有很少一部分人对艺术是十分讲究和挑剔的！

*　　　　*　　　　*

三生有幸，与瓷母零距离！这件乾隆期硕大的官窑瓷瓶，融合了当时最高端的十几种制瓷工艺于一身，是瓷器工艺的集大成和登峰造极的代表 ，由督陶官唐英亲自督制的乾隆款官窑，目前为止全世界只发现了两只，堪称绝世佳品！此后，瓷器工艺开始衰落。

＊ ＊ ＊

评同学发来的三幅画

第一幅，是我最喜欢的，油画技术最纯熟！不仅是男女，而是人性之复杂，主题表现很鲜明。这3幅都是表现人的上半身，第二幅显然出自女性之手，思想内容不强，但画艺不错！第三幅，把人性表现得更为复杂，但画艺不够纯熟，是新手。

能看出来是仿毕加索的风格，很不错了！第二幅，形多于神，表现的外在的多，不够深刻，与画家的趣味相关！第三幅，这位田老师就是你说的那样。字如其人，画如其人！

第三幅绝对出自男性之手。第一幅性别感不强，你误为女性，也没什么。

这就是各花入各眼！

＊ ＊ ＊

一般来讲，商品的市场价值反映了它的使用价值，唯艺术品除外！

这种群体拜师，禁固了艺术家们，何来自由的思想与创新？

什么样的作品才能流芳后世？大忽悠们只能忽悠当下，终将雁过无痕！

一个皇室的家族收藏可以与一个国家的收藏法国巴黎罗浮宫媲美！在专项收藏方面前者胜过后者！由于家族收藏不对外开放，故显得更加神秘！

中国特色！什么好东西一回国就变味了，象股票市场，期货市场，艺术品市场……都变成了有权有势暴发户们的乐园！该文披露的只是冰山一角！

红豆生南国，春来发几枝！

春江水已暖，雏鸭应先知！

机会总是会垂青那些灵活的人！腹有诗书气自华，书画修身品自高！

伟大的艺术家一定有伟大的地方！只为名利，投机取巧，欲速则不达！

青花是以其独有的内敛，沉静，低调，清雅，脱俗之风格而立于不败之地的！

一个字：美；一个字：妙；二个字：美妙！

昨天就看到大图片，发现在场的几个老外，一看就不是美国人，像东欧人，美国人赴宴，没有这样打扮的，气质也不对。扯到老美头上，太愚蠢！我们搞收藏的，不仅要学会辩物，还要学会辩人！

欣赏你的收藏态度！你一定会在这个领域发展得很好，被骗都是暂时的，我们都是这样一步一步走出来的！

在美国的一些公共场所，如医院，学校，办公室，体育会所等等，总能欣赏到一些有艺术品味的装饰，置身其间，让你身心愉悦，温暖，轻松！感觉仇恨，阴谋，冷漠离你很远，很远！这是为什么我们总是感到搞艺术的人像个孩子。

*　　　　　*　　　　　*

宋瓷的风格一直是我喜爱和崇拜的！性内敛、含蓄、低调，情清雅、沉静、脱俗；天性高贵又不张扬！在少有的几个不期而遇的机会里，我有幸以极低的价格得到了它们！虽不是极品，如今却也是芳草难寻了！近两年，老窑升值较快，老窑的黄金季节要来临了！

*　　　　　*　　　　　*

民国时期，这些当时不可一世的美人，除了留下了几张画像，早已从人们的记忆中淡去，被历史的滚滚红尘淹没！

还是收藏名大家的作品靠得住些！否则没有生命力的东西，收来心里发虚呀！都是拜金主义害的，看艺院招生，队伍排到了乌苏里，就明白了！

由于艺术产品难以标准化和量化，取代黄金，将艺术产品货币化，是一厢情愿的事，难以实施，最后是黄粱一梦！当然先做做梦也不错！

只有圈内的高手才识货！没有5-8年的努力，想都不要想！这是为什么在收藏圈，大家都敬佩高手！真才实学，参不了水份的，没人跟自己的口袋过不去！收藏玩的就是一个"真"字，适合我们这种真性情的人！

与玉相比，我更喜欢琥珀，晶莹剔透，轻盈飘逸，温和漫妙！瞧这两个汉字：琥珀，多美多浪漫！

赤水丹山！与浅降风格类似！颜色的度掌握得极好，过了就俗了！
好在历史有这些照片和文献记录在案。感谢照片和文献的收藏者！收藏让历史活着！

本人作为一位经济专业的学生和老师，又是从事财务金融工作多年的专业人士，极力推荐这篇文章给大家，以增加大家对艺术品投资市场的深度及广度的了解，在对艺术品自身价值的认识以及艺术品市场与国民经济的关系的论述方面，此文是上乘之作！

留意身边美好的事物，善于发现平凡中的伟大！----当然首先你自己必须具备发现伟大的眼睛！

太美了！大美天成也！

鲁迅的文才不错，但书法不咋地；从老蒋的书法中，看出来他为什么输了！

洒脱的艺术风格源于自由的理念！

艺术源于生活，但高于生活。艺术是对生活的再创造和提炼！如果把生活直接拉来冒充艺术，就是恶俗！事实上在美国这些所谓的"当代艺术"从来都不是主流！博物馆收藏展出了吗？没有！

现实的情况是，国人从小艺术教育缺失，作为画家引领大家欣赏自己的作品绝对具有前瞻性！否则：自娱自乐！

建议画家们：每幅画，作一点说明，效果会更好一些！共享性更强一些！难怪有人说艺术家是疯子了，可怜的是他们并不知道他们在疯！

古玩的特殊性表现在资源的稀缺和不可再生，加上价格的高昂，注定不会成为大众消费品！

              *   *   *

对微拍的看法：

1，微拍创新！作为对主会场的补充，从生意的角度看，可行！

2，作为群主和主持人，其表现可圈可点！

3，拍品都没有问题；

4，在一场大付出大投入的运作中，其目的性一定要明确，还有他的商业性与社会性又是什么？

5，从学习的角度，古玩的性质更适合温水炖蛙；

6，古玩收藏由于其特殊性，自古至今从来就是一个小众文化；

7，太晚，该休息了！以上几点供参考！

              *   *   *

诗，是艺术的语言！是语言的艺术表达形式，是语言的艺术之美！读诗就象看画听歌，给你带来的是一种意境，一种情绪和感怀，如果说音乐是流动的画面，绘画是凝聚的乐章，那么诗歌则是从内心涌来，能看能听！

              *   *   *

我当年在瑞典待了三周，瑞典的冬天是日短夜长，北欧风格夜晚的一窗一景也深深的征服了我！那寒风中朦胧的温馨，暖彻心菲！可惜19年前没有手机啊！

这幅画让我想到东西方文明、东西方美学的统一与共鸣！字里行间是大家的气势！见过18-19世纪英文手写体，也是一样的风光无限，只是西人没有我们重视和传承得这么好！打字机发明后，西文书法就夕阳西下！

关于朗诵：一张嘴，唱是艺术，说也是艺术，说的艺术就称为朗诵！

喜欢绝对创意，你把绘画的功夫全柔进了摄影！收藏是艺术的终极和集大成！

大才子华东先生的摄影作品！第一幅获得New English graphic art 一等奖！第二幅简直就是一幅油画！除了摄影，华东先生是一位艺术专业的画家和收藏家，绘画作品和藏品都不俗！ 从摄影作品中能看出他极强的艺术功底，并将绘画的手法柔入其中！大气磅礴，气度不凡！

你的书法象音符！

*　　　　*　　　　*

拟像创造了"超真实"，传统的表现反映真实的规律被打破，模型构造了真实。"拟真不同于虚构（fiction）或者谎言（lie），它不仅把一种缺席（absence）表现为一种存在（presence），把想象（imaginary）表现为真实（real），而且也潜在削弱任何与真实的对比，把真实同化于它的自身之中"。拟像创造了"超真实"，传统的表现反映真实的规律被打破，模型构造了真实。是一新门类，应发扬光大！

拟像是从有形到无形，又从无形到有形的一个过程！是一种思维状态，一种思维轨迹的记录，似形而非形，非形而似形！充满哲理和思辩的绘画！让哲学走进艺术！

*　　　　*　　　　*

奇特跌宕的经历造就了八大的不朽！大家能感受到美与力量，这就是艺术！有生命力的，就是经典的，别无标准！

除了宋瓷，宋画，还有宋词，代表着中国古代文化的最高水准！一个时代的水准一定是一体的，表现在这个时期的方方面面！

关于民国画家关紫兰。"所以她的画，完全偏离了'五四'以来救亡和启蒙的宏大叙事主题，呈现的是一种自娱自乐的本真状态，带着些许布尔乔亚情调。她沉迷于尺幅间的纵横涂抹、点染勾勒，自自然然地表现生命的欢愉和自在，留一点欲说还休的言外之意。"——她的画要细品！先入为主的是她的人品，然后才是画！你会发现她画里的那份气质正如其人，尤其是风景画：清丽、娟秀、隽永、润物无声、绵远流长！

都是收藏界的大伽，刘益谦与马未都是完全不同类型的人！文人就是文人，土豪就是土豪，即使换了一块马甲，还是土豪，除了用钱来壮胆之外，还有什么？

好的鉴赏家一定要有自己的独立判断！不能人云亦云，更不能书云亦云，这是分水岭！

我去纽约亚洲艺术节是观光学习，轻松多了！在佳仕得和苏富比能碰到一些熟悉的朋友了！在这条危艰的路上，一直孤独求行的我，终于迎来了曙光！

古玩的特殊性表现在资源的稀缺和不可再生，加上价格的高昂，注定不会成为大众消费品！

实际上东西方艺术是统一的，都必须形神兼备呀！为什么要割裂开？学国画的人也应学西画，会改变你看问题的方式方法！

青铜器究竟美在哪里呢？如果试着用一句话来概括地回答这一问题，我的感悟是，商周青铜器艺术之美最集中地表现为：在每一件堪称为艺术精品的青铜容器上，都展现了一种从表面上、从概念上看似有矛盾，但又被高度地和谐在一起的两种要素，即在造型基调上呈现的肃穆、庄重的气质与同一器体在设计上洋溢出来的活泼、灵动的风格。正是这样的两种因素，被自然又巧妙地融合为一体，使商周青铜器具有无穷的韵味。

＊　　　　＊　　　　＊

美极了！蒙胧中的几点萃，世界因此而精彩！

这件作品的细节之处，尽显匠心！美得望尘莫及，是工匠精神的极品！"用手工制作的产品，每一件都是这个世界上独一无二的。"

同时期的新古典主义、浪漫主义、现实主义等流派，由于没能把握好当时社会意识形态的诉求，只好沦为了赵姨娘的命运了！

梵高生前是不幸福的！巨大的痛苦失落只能让他在自己的作品里寻找慰籍和表达！是的，只有作品才真正属于他！

天然去雕饰才是大美！不太喜欢透雕，把一块美玉弄得千苍百孔，破坏了自然美就不是艺术了！

这唐代的书画及书法！穿越了1500年的风尘，让今人惊叹不已！叩首仰目！

这里满足了你对美所有的想象！

中国窗是诗意的，中国窗是艺术的，中国窗是浪漫的……

矿物结晶体，拜大自然的恩赐！自然界的不朽之作！

工匠精神，就是把事情做到极致，精益求精！

收藏是能让人放下，沉淀与浸沁的过程！

美到极致是自然！

五千年的文明史，祖宗留下来的瑰宝，浩淼如沧海。穷尽一生，也只能是沧海一粟！

简单、古朴、含蓄、内敛！

*　　　　*　　　　*

实体投资回报率的下降和金融资产收益率全面下滑并不能拉动艺术品市场的繁荣，相反，一衰俱衰！

制约中国艺术品市场发展的两大瓶颈：品质风险和流动性问题。品质风险就是指艺术品鉴定的标准化的问题，流动性是指艺术品的变现能力！解决好这两个问题，才有艺术品市场的良性发展！关于艺术品金融化的可行性的问题，要论证，美国目前也只有艺术品抵押银行，还是有限的小范围。中国难道要走得更远吗？发行艺术品债券？分拆后发行股票？跟次贷、期权、期指又有什么区别？

将一件艺术品按照评估值分拆，发行股票是不可行的，因为它不是一个经济实体，没有利润增长点，还有个所有权的归属问题。因为艺术品自身不会增值，只有能创造剩余价值（利润）的经济实体，才具有发行股票的基本条件！否则艺术品的金融化就把人带沟里去了！

投资者购买股票从2个渠道获得回报：1.分红；2.二级市场价差。投资者购买艺术品股票也从2个渠道获得回报：1.一级市场的转让；二级市场的价差。理论上讲，还是有可行性！

艺术银行的建立，不论是公益性的还是商业性的，都是建立艺术品市场正常秩序的关健和金融保障，也是中国艺术品市场的发展方向！

中国艺术品市场正在走着资本赌博和财富暴利模式，把艺术品投资作为期货和赌博来搞，这个是恐怖的，短命的！好东西一到了国内就变味儿了！

转发此帖，可以从理论上做一些探讨！虽然本文的作者就在我的朋友圈里，我还是要警告大家，不要玩火自焚！金融与艺术联姻，虽是郎财女貌，却是貌合神离！目前艺术金融的形式有：

1、艺术品产权交易；

2、艺术基金；

3、艺术银行与信托；

4、艺术品按揭与抵押；

5、艺术品租赁等。

目前可以考虑入手的小规模形式有2、4、5。最难的是艺术品价值评估的特殊性，她的价值由有形资产和无形资产确定！无形资产的价值确定不了，就是泡沫涂地！目前，在美国市场和法律法规较为完善的地方，也只小规模的开放了4，艺术品的抵押。关于艺术品的产权交易，拆细上市证券化，由于种种法律法规制度体系尚不健全，只是在探讨之中。天津和成都艺术品产权交易市场都在一年的短暂试行之后，以巨大的法律诉讼而关门大吉！三思啊……！无形资产的评估是指对一件艺术品的艺术性、文化性及存世时间的货币化，量化的问题！有谁能解决好这个问题？

＊　　　　　＊　　　　　＊

花了差不多一个小时补听了一下郑总的报告，真是太精彩了！一定收藏！作为行内人士，如此坦诚，如此的开诚布公，非常令人感动！作为行内人士，基于自身國内國际行业视野，给收藏爱好者指出了一条正确的路,带着使命而来!什么也别说了!鼓掌吧!

好的鉴赏家一定要有自己的独立判断!不能人云亦云,更不能书云亦云,这是分水岭!

转微友陈武景评论:

刘影钊老师的作品怀旧而不迂腐,通透而不失细节,层层罩染刻画,一遍一遍,静静的享受着孤独的灵魂放射,直至圆融的境地诠释内心东方的情怀,以造画面安然静穆,和谐天成。不愧是"中国式静物"油画的创始者!

图9:(左起)王国水、刘影钊和王天奇在亚洲艺术院合影(李强 摄)。

* * *

中西方文化、艺术都是人类智慧的结晶,都应该得到同等的尊重和对待!至于你喜欢西方的艺术多一点,还是喜欢中方的艺术多一点,那完全只是个人的兴趣爱好而已!这里不是宣传,是讨论真假,是新东西还是老东西!是给内行人看的!

对于西方艺术，我们是否应该睁开一只眼？如果你对西方艺术睁开了一只眼，一定会有大大的惊喜！欧洲骨瓷，精美绝伦，独具风韵……

*　　　　*　　　　*

波士顿哈佛大学自然历史博物馆专题展----艺术战争！多么绝妙的归类！人类的战争是残酷的、血腥的，而用于战争的杀人工具刀枪剑又是如此的美丽绝伦……！江因风先生的《艺术战争》是否受此启发？

没有青花复杂的花纹，只依靠细腻艳丽的色彩，单色釉瓷器在我国的瓷器发展史上，无疑具有非常重要的地位。单色釉被誉为彩瓷之母，也被认为是陶瓷收藏的较高境界。质地迥异的胎体和美不胜收的釉色，见证了中国陶瓷艺术史一代又一代的辉煌。----单色釉瓷，我的最爱！

*　　　　*　　　　*

惟独鼻烟壶的鉴别，情况却不同，它只需鉴别器质的优劣就足够了，不必考证它的真伪。大概是烟壶的名贵程度，完全看烟壶质料的高下和画工及做工的粗细，而与产生的年代和制作的主人无关。质料如果却属珍异，做工又奇巧，无论它是何时出产，也不管它是出自谁人之手，亦为上品。

*　　　　*　　　　*

我们镇的集邮专家----Donald先生！他收藏的邮票：1870的法国邮票！1855年的实寄封，也是价值连城！这封实寄封是1855年11月由法国寄到波士顿，路上走了19天！内里是一封法语信！多么精致的书法！多么精致的一件160年前的艺术品！从法国的利物浦寄到美国的波士顿！

加拿大魁北克市的Shrine of Sainte-Anne-de-Beaupre天主教大教堂！建于1876年！其里外左右上下，每一寸空间都散发出迷人的宗教艺术的魅力与芳香，也是风华绝代，别样风采……。除了赞叹，还是赞叹！

经典就是不朽……

艺术聊斋——关于音乐

在人生的任何阶段，音乐都是我最好最忠诚的朋友！她一直与我同行！分担我的喜怒哀乐！感恩有你----音乐！

如水的音乐，在一日一日的重复里，潺潺地，静静地拨动心弦……。静水深流，花落无声……。心灵与心灵的低语，如泣如诉，如痴如醉！

琴键拨动的是心弦，叩击的是灵魂。淡淡的忧伤像云，像雾，弥漫在天际。哀怨、惆怅、抑或牵挂、怜惜，执手泪眼，无语，百感交集。山在虚无缥缈间，人又何尝不是如此，人生又何尝不是如此！

* * *

只有当音乐响起的时候，你才属于你自己！心才会彻底的放松、归零、归静，静的就象婴儿的沉睡！温暖与柔情象一个温甜的少女向你奔来，轻扣你的心扉！一点、一片、一个朝阳、一个落日、一个年轮、你全部的生命，和缓得如沐春风……，疗伤与慰籍，忘情于过往和沉缅于未来，一种、种种涌动，直沁心扉……

* * *

精神财富不分国界，人类共有！所附音乐视频也是美极了！

心被溶化了！一切皆被升华！看世间如此之美好！音乐的力量、艺术的魅力能让人如此的释怀！

谢谢分享！太棒了！民族的就是世界的！这是真正的娱乐版政治！12人的钢琴合奏，精彩纷陈！世界的也是民族的！谢谢二位分享高质精美视频！

谭维维演唱秦腔，其深刻的内容，强大的振憾力，让人刻骨铭心，泪洒一地！整过演出，浓缩了民族的兴衰！

音色轻缓细腻，流丽芳香！像清澈的泉水悠然的流淌……，像轻拂的微风撩起一路的风光……，在静谧中散发出迷人的芬芳，给人无限之暇想……，心随琴声去那遥远的地方……。梦幻的流连……

除了优美的音质、平和的音调、和没有高音刺激外，还有英文的发音，节奏的掌控力都给这首歌增添了魅力！

《听妈妈讲那过去的事情》如夏夜的清风，芬芳扑鼻，直沁心扉！我青少年时代最喜欢的曲目！

元宵佳节的最佳选择！听着音乐大师贝多芬的《月光奏鸣曲》，赏着梵高、莫奈等艺术大家的名画……。音乐被世人喻为"不可救药的浪漫"，透露着深刻的亲密和渴望，呈现罕见的穿透灵魂的优雅……

谢谢分享沂蒙原生态！我们民族文化的根！

音乐的最高境界是什么？开心愉悦！开心愉悦了，音乐的最高境界也达到了，管他什么形式！

深情与思念，眷恋与无奈，离愁与别绪，依依款款，柔肠寸断……

也是醉了！长笛之美，美在脱俗、清新、神秘、幽怨……

不染一粒红尘，不存一丝杂念，洁净的心灵之音……

风吹草地见牛羊！舒缓，恬静，悠美……

芭蕾舞！唯美、凄婉……箫声悠悠，空灵飘逸！

沁入骨髓，悠远悠长又悠扬……。正是这种萨克斯的尖锐，它能刺穿我们厚厚的保护壳，震撼着那颗孤独的灵魂。

喜欢所有的三个版本！挪威天籁天使Sissel 的版本，唯美至极！经典即永恒！

*   *   *

终于找到了这首曲子了！不确认是否出自杰奎琳.杜普蕾之手！虽然画面的演奏者不是她，但其演奏风格，演奏质量是她无疑！再次给她献花！

《殇》是不是她表演的，还不清楚，但听这首《埃尔加大提琴协奏曲》，谁能憾动她在20世纪大提琴领域的霸主地位？还有她与钢琴王子的那段，我的天啊，惊为天人！

*   *   *

帕尔曼是当今世界上最出色的小提琴家。他是出生于以色列的犹太人，由他来演奏这段乐曲再合适不过了！他用音乐怀着对他本民族的深情，精彩地演绎着那段悲沧的历史！13岁的他，就是大师级别的演奏水准了！

　　安德烈·波切利是意大利盲人歌唱家，他的声音被美誉为"上帝亲吻过的嗓音"，他演唱了许多抒情歌曲和赞美歌曲，他的许多专辑令人陶醉、碧波荡漾，激情四射！

　　《雨中曲》是好来坞电影史上最精典的电影之一。这一段又是这部电影中最精彩的一幕！完全由片中的男主角Gnen Kelly自编自导自演自唱自跳！一位天才的艺术家就是这样自带光芒，魅力四射！这才是深入骨子里的表演，全方位地感染着你！这段能扫清你心头任何阴霾的歌舞，如雨后的彩虹般流光四溢！

★　　　　★　　　　★

图10：杰奎琳·杜普蕾的演出现场制作的配文图片1.

纪念20世纪最伟大的世界级大提琴演奏家——杰奎琳·杜普蕾

　　此篇献给二十世纪最伟大的大提琴演奏家，一个把短暂的生命献给大提琴的杰出的天才的女性演奏家——杰奎琳.杜普蕾————让我们带着不朽的尊敬之情永远记住她的名字——让她的旷世遗作《缠绵往事》永远缠绵！

我从浩瀚的帖海里捞出这份帖子！如果不是这份遗作彻底征服和打动了我，我是不会花几天的心血，从幻本（象幻灯一样的带字照片）中整理打印编辑这份诗歌文字和不同的微信帖版本的！在《缠绵往事》优美的旋律中，一颗虔诚的心驱使自己花了几天时间整理打印这份不知谁写的珍贵佳作。相信也是出自一位象我一样听了50遍，被之深深打动的人之手！以表达我这个迟来的粉迷，对这位天才的大提琴演奏家无限追思的款款深情……

《缠绵往事》大提琴演奏曲是一份旷世遗作，值得我们后来者一代一代传承！让伟大永垂不朽！

（写于2016年2月5日）

图12：杰奎琳·杜普蕾的演出现场制作的配文图片2.

（以下文字摘自微信帖的幻本，全部由本人整理编辑打印！）

杰奎琳·杜普蕾1945年出生在英国一个充满音乐的家庭。当她4岁时，听到收音机里大提琴的声音，就要求家里给她买那样的乐器，从此展开了杜普蕾与大提琴之间的不解之缘。5岁时她开始在学校学琴。1956年，11岁时，赢得了大奖，成为全英国最受属目的演奏家。

　　1965年，由杜普蕾担任大提琴，巴比罗里指挥伦敦交响管旋乐团，演出英国作曲家艾尔加的《E小调大提琴协奏曲》，这场音乐对杜普蕾非常重要，因为它奠定了杜普蕾在演奏上的地位。

　　钢琴家顾尔德曾经说过，杜普蕾的艾尔加协奏曲，呈献了无限的悸动与热情。

　　后来她第一次听得到那张与巴比罗里合作的录音时，曾吃惊的说道："这并不是我想要表达的！" 她到底想表达什么？我们永远无法得知！

＊　　　＊　　　＊

诗歌《缠绵往事》

夜已经沉睡
柔柔的琴弦在缓缓地诉说
勾起我悠悠的曾经的时光
那是一份珍藏心底
总想回忆又生怕触及的
暖暖的隐隐的痛苦
思绪如烟似雾乘风而来
随风而逝
其实我也知道很多的开始
在他的开始就注定了结局
但我不明白
我用丝丝柔肠编织的梦幻
留下的却是无尽的忧伤
岁月在我额头无情地流淌
你依稀的身影
如同天边的星星
在我的脑海里漂移
清晰了又模糊了再清晰
每个昼夜不知道有多少个轮回
往事卷卷缠绵

> 如似没有伴侣的咖啡
> 在那淡淡的苦涩的尽头
> 燃烧的是烈烈的甘醇
> 原以为短暂的缠绵早已被尘封
> 哪知道她经不起丝毫的触碰

这首诗如泣如诉，缠缠绵绵地解读了大提琴曲《缠绵往事》的内涵。然而我始终认为，再好的诗歌也解释不清音乐的本质和内涵。

* * *

我一直认为，音乐她只属于旋律永远也不属于歌词。歌词再好也解释不清音乐的真谛。尽管一首好的歌词就是一首好的诗歌。诗歌是有字的音乐，而音乐是无字的诗歌。因此我认为诗歌和歌词与音乐总有一段神秘看得见又挨得很近的距离和尺度。而诗歌与歌词又总有一种想贴近音符的感觉。《缠绵往事》这首大提琴曲是谁的作品我也不清楚。据说这首大提琴曲就隐藏在神秘园的第四辑中，别名叫《静默之声》。这首大提琴曲，我听了无数次，每次听，心里总有一种神秘的幻觉和深邃的意境。那舒缓而绵长的琴音，一直在耳伴萦绕，听着这种缠绵的旋律，我的眼前仿佛出现蔚蓝的大海。

* * *

在海风温柔的吹动下，波浪缓慢而悠长的推向岸边，向人们的心灵深处涌动！

很多人都未听过杜普蕾演奏的《E小调大提琴协奏曲》，大提琴在管弦乐的忖托下，她全身心地投入到音乐斑斓的神秘意境中，充满朝气，又不失女性的细腻，也不是完全没有节制的放纵自己的情感，从她手指间传递出来的琴音，让人完完全全地被她的热情与音乐诠释所感染！

杜普蕾诠释艾耳加的E小调协奏曲无人能出其左右，直到现在据说华人大提琴演奏家马友友稍许企及她的境界，但仍然有一段不小的差距！

　　大提琴的弦弓在不动声色地拉动着，极有节制地拉出了一条缓缓流动的河。一条柔而韧的心河。在这心河里流淌着不为人知的缠绵回忆。漫溢着经时光沉淀过的远久而浓郁的诗意！你眼前显现的是那个被往事包裹的人，神情悠远！她那延伸出去的忧郁眼神里，看到的是过往岁月里心与心的彼此交缠，是灵魂与灵魂的相互镂刻，是太多太多的温暖在往事里重重叠叠！乐曲舒缓而绵长的迂回着，如同蓝天下的大海，在风温柔的吹动下，浪涛缓慢而悠长地推向岸边，向心的最深处涌动再涌动！头深深俯在案上，双眼久久不愿睁开，就这样静静沉默，任乐曲在心底冲洗再冲洗，一波接着一波。心渐渐地在虚无中轻快，在空旷的世界里漂渺，再漂渺……，就彷佛自己已经飞漂于天上，微笑着俯望送行的人群！

　　人生在世，除亲人的离开，除爱情的生离死别，带来那撕心裂肺直通骨髓的伤痛，其实也并无太多痛苦的往事，更没有太多灿烂的过往，生活中的一切一切只是在感知中慢慢走过，心里总会有一丝一镂的隐隐忧伤！

　　想曾经和现在的知心朋友，想点点滴滴给过的快乐，想渐行渐远的背景，想深夜一盏灯火的温暖，想远行后一句温暖的叮嘱，想爱的不偏不离的忠诚，想雨中一把伞的庇护……

　　曲子舒缓而绵长的迂回着，如同蓝天下的大海，在风温柔的吹动下，波涛缓慢而悠长地推向岸边，向心的最深处涌动再涌动。

　　　　就这样，一片叶
　　　　就这样，一个人
　　　　就这样，一道风景
　　　　就这样，沉醉···

　　　　沉醉
　　　　沉醉在大提琴悠扬，深沉，略有些伤感的流淌声里，
　　　　沉醉在天才的演奏家杰奎琳·杜普蕾的指尖中。

　　　　缠绵往事，
　　　　在舒缓而优雅的音乐里

悄然飘落，
在心灵的某个角落里
舞起淡淡浅愁···
往事如烟
往事如烟——那是试图追忆时，
往事并不如烟——那是以为忘记时。
这大提琴流淌出的旋律，
似烟非烟，
从心上飘过，
让往事的尘埃一一落定。

*　　　*　　　*

我坐在沙发上，在暗淡紫红的灯光下，头靠沙发闭着双眼，静静地聆听杰奎琳的手指在弦上行走的声音。那种舒缓缠绵的旋律，彷佛就在心底荡起微波涟绮，我的心飞翔在天上，鸟撒人间烟火，不知不觉眼中噙含着泪滴。

这时，我忽然想起音乐界有一种传言，说是最杰出的音乐家往往命不长。这句话就是针对杰奎琳的。更巧合的是，法国作曲家，大提琴家，奥芬巴赫的《杰奎琳之泪》，竟在百年之后，和一个也叫杰奎琳的大提琴才女相遇了。

我想，当杰奎琳在演奏这首与她同名的《杰奎琳之泪》时。或许她的心也在淌泪。否则，她的琴声绝对不会奏出令人心灵难以自拔的深"陷"。

我想杰奎琳·杜普蕾的音乐生涯不仅是用手指演绎技艺，而是用生命和灵魂演奏天籁天堂之音！

在杰奎琳42年短暂辉煌的音乐历程中，据说匈牙利大提琴家第一次听她演奏《杰奎琳之泪》就说："象她这样把所有复杂矛盾的感情都投入到大提琴里去演奏，恐怕根本都活不长。令人难以置信的是，这句话仿佛成了上帝和先知的预言！

艺术聊斋——关于文学和其他

语言及文字的艺术表达就是文学！文学与艺术一脉相承！

味有余，韵不足！

这贴歌曲一般，但文笔极美，是我欣赏的！尝试从作者的角度去理解！这个世界确实有人在追求极致和完美！能打动你，这是文学的力量！

现在纯文学作品无市场，必须与商业市场相结合！杂交的事物也叫新生事物。

俞学弟的画评，给我们带来这么好的精神享受！俞学弟一定是艺术文学的奇葩，金牌，要不然不会与这么多的艺术大师相识。出名了，找上门的就多了！他的评述极见功底。很全面，细致，深刻，又充满诗情画意，婉蜒道来如行云流水————人才！人才！

秋天的波士顿，满山遍野，满目的这种黄，这种红，置身其中，让人留连往返，叹息：金秋即逝，严冬来临！

        *   *   *

尼采说："思想之美，是美中之美"。思想的自由，才能成就伟大的作品————无论是艺术、文化还是经济，科研与技术……。那怕迈出一小步，也会感到异样，很难与几千年的传承相抗衡！那些能走出一步的人，是了不起的！

        *   *   *

喜欢这篇文章，不是文章中的熏香，而是熏香中的人生哲理！

喜欢这样的文章：带点思，带点愁，带点无奈，带点忧；诗情画意满溢，漫妙音乐旋绕……，这是道上好的菜！当累了，困了，歇了，泪了……

        *   *   *

陆小曼是绝对的民国才女，她的画可见一斑！所以陆小曼的画配徐志摩诗，都是才情中人，当然一拍即合！

之前，我们只知道徐志摩的诗而不知道陆小曼的画是不公平的！由于陆是离过婚的女人，徐死后又再嫁，而因此对她颇多微词以至埋没她的才华是不公允的！

徐志摩是民国有名的大才子。如果陆小曼没有才华，徐大才子怎会爱上她而不惜妻离子散！这是多大的一个代价！岂不是太看低徐大才子的智慧与才情了！陆小曼绝对是美人加才女，才配得上徐大公子的爱呀！

"胡适身上有十足的人情味，人情味是天下至味，一个人缺乏人情味总让人疏远。有些人让人敬而远之，胡适让人敬而亲之。"胡适，人如其名，中看中用！民国也是文人辈出的年代！

*   *   *

比较而言，马云是受过教育的商人。曾经极有见地的成功地运用商界智慧为自己打下一片天地，成为立于云霄的精英，而站在高山之颠！然而风光之后……，功名利禄照样无孔不入的渗侵了这位曾经的智者，守不住底线，昏昏昏啦！

*   *   *

在朋友圈茫茫的帖海中，好不容易捞出朋友+业余作家白焱女士这份精美的大帖！这份大帖全面地介绍了离家20分钟路程的、非常出名的瓦尔登湖，内容极为详尽！花了不少功夫！非常棒！干了一件我想干而干不了事！《瓦尔登湖》是美国作家亨利-梭罗，独居波士顿郊外瓦尔登湖畔的生活记录，这本书出版后风靡世界，Walden Lake 因此而出名！

*   *   *

关于朗诵，一张嘴，唱是艺术，说也是艺术！

伟人伟大，穿过几千年的尘埃而不朽；伟人不伟大，百年就寿终正寝！

踏踏实实做企业，远离与规律和常识相悖的事！祝你一路前行！

我个人比较欣赏有深刻思想内容的诗，就象上面那幅摄影作品，余味无穷……

好的诗歌才具有可读性，现在的诗，语言随意搭配有些俗了！除了情绪，深刻的思想内容，思想深度，才能更打动人和具有生命力！诗和画都不能流于平淡、表象，有些人极有才情却不能流芳百世！

这真是个好主意！生命的价值在此，那些能延续你生命的形式……，不在乎曲高和寡！

好诗！好意境！希望你不是温室里的一朵，只是"素"而已！

美极了！旋律、意境和无可挑剔的男女主角的精彩表演！电影艺术是立体的，在带来视觉和听觉的冲击之后，美感和美的享受悠然而生！

纽约亚洲艺术周，辛辛的劳累，满满的收获！

图13：（上左图）作者2014年参加波士顿史金纳拍卖行拍卖会，与清代乾隆釉彩大瓶瓷母（绝品）零距离！（下左图）作者参加2015美国纽约亚洲艺术周；（上右图）作者2016年在纽约苏仕比拍卖行参观；（下右图）作者2015年参观波士顿艺术博物馆。

图12：作者收藏的宋代磁州窑黑釉铁锈斑嘟噜瓶，明代铜胎鎏金释迦穆尼坐像，宋代影青釉赐花碗，元代龙泉窑帖花三角薰炉等古董和欧洲名瓷。

图14：作者2012年收藏的清代通草画《清宫皇室组图》一套12幅，是通草画中的极品。

第二部 政治经济与民族性格之批判

尼采说："思想之美，是美中之美"。思想的自由，才能成就伟大的作品！无论是在艺术、文化还是经济，科研与技术领域，那怕是迈出一小步，也会感到如此的艰难，怎能与几千年的传承相抗衡！能走出一步的人，是了不起的！

-----宛霞（Xia Saxe)写于2016年

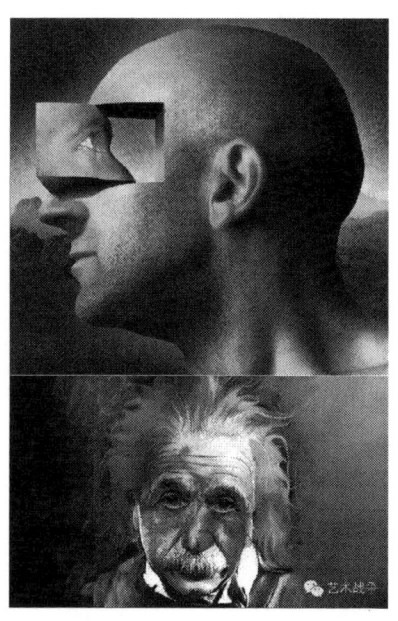

图15：作者在微信上收集的创意图片。

图16：自由飞翔。

政治经济与民族性格之批判

关于东西方文明。西方恰恰没有陷入完全以物质文明为导向的泥藻；东方文明还包括除了中国之外的其他国家的文明，如日本、韩国等等；东西方的文明不能简单地归为精神与物质两大类的文明，归结为事物的两个极端而对立！那是真正的误导！国人的斗争哲学深入骨髓，总在人为制造对立与不和谐！西方产生出的那么多伟大的哲学家、思想家，影响了整个人类的思想进程，怎能说只重物质？而东方也发明了火药、造纸、指南针等等，怎能说只重精神？我们需要解决的是，国人自己的精神世界的问题，而不能归究西方物质文明的冲击，那是大错特错的

*　　　　*　　　　*

世界文明进步到今天，中国的政治体制与意识形态的落伍，是历史发展的大悲哀！

一个对自己国家民族的政治经济有思考的人，一定是一个有深度的人！

天才也会在政治上陷入盲区！

古往今来，一脉相通，玩的只是文字游戏！

典型的中式做人哲学，几千年强权政治打下的烙印。使中国人都变成了一群沉默的羔羊。当我们及我们的后代移民海外后，明哲保身的个性，谨小慎为的作风，没有担当，一盘散沙，华人成了被边缘化的一群人。

怎能将民主与战争，与贫穷挂勾？民主不能简单地理解为"一人一票"！作者有较强的优越感！希望真正的实事求是，不说假话，少点骗子。----求同存异，心平气和！

*   *   *

这些媒体能代表海外五千万华人吗！再说这口气和文章，怀疑这些媒体介入的真实性！请认真面对国内事务和香港问题，不要出了状况就指责海外反华，美国反华。愚蠢又可笑还自鸣得意！明明是失道寡助，硬要扯上爱国和洋人，来点新鲜的不行吗？请的一些水军又只会骂人，帮倒忙，看似有点人气，其实垃圾一堆！国有企业以其特有的国家权力，几乎占尽了所有公共资源，又在分配领域造成了巨大不公，使所谓"社会主义制度"的优越性，发挥到了极致。这就是国有企业的好处，一边赚着巨额利润，一边伸手向国家要补贴！可笑吧！再看看那些可怜的基层民营企业，私有与个体企业！

*   *   *

一次座谈会让所有参会进入的人风光有面，让所有该进未进入的人失落尴尬，让所有不相干的人兴致昂然，品头论足，这个社会进步了多少？

在中国的历史上，近代的破坏程度是最严重的。中华民族在政治，经济，文化，道德，传统，环境等方面，经历的劫数与灾难是空前的。有限的经济改革，演变成了权贵阶层对百姓阶层利益的侵占和掠夺。

偷抢婴儿，完全击穿了人类的良知和道德底线！政府如果作为的话，处处布下阻击手，失踪婴儿案是可以控制的！

这位算是有点儿头脑的卖淫女，令人倾佩！来自底层的声音，虽弱小，但击碎了人心，直捣死穴！如果你不能接收对一个卖淫女的称赞，请保持沉默！你以为你的职业比她高尚，但你有她的勇气吗？胆小如鼠，苟且偷生，算哪类？

*   *   *

直接创造社会财富的人，要养着那些上层建筑，还要养终生，被养的人还要拿得比你多。没有那个国家的公务员是不交养老金的，国内的公务员总是就是高人一等啦！

说白了，就是权贵利益集团，在贪婪之心的驱使下，对并不富裕的民众在投资领域合理合法进行的第二次掠夺。第一次是在分配领域，比比你的工资和你老板的工资吧！马克思的资本论在理论上是管用的！

触及中国社会的根本，深刻揭露了农民贫困的本质原因----食物链的最低层。一个户籍问题肥了多少贪官？一个社会，如果大多数人贫穷，就不能称为盛世，也是社会各种不安定因素的因子，城里人的日子也会过得胆颤心惊！

什么东西到了国内就变样了！上层建筑的一切包括教育，医疗，艺术界都在癌变，整个国家都那样，艺术界不可能独善其身！人们没有价值观，没有底线，做任何事情都会不择手段，在一些大环境没有改善的情况下，指望这个市场能净化是不现实的！

*   *   *

世俗烦躁的社会，会让有真功夫的人心理不平衡，这太正常了！那里都有，到处都是。必须学会游刃有余！

革命的意识形态就是让人变态的意思形态。江青很聪明，但缺乏智慧，她怎能驾驭当时的政治状况？她只是毛的牺牲品。她的命运在她与毛结婚时就注定了。

五四运动让国人从沉睡中醒来。六四运动又让国人从醒来中睡去。睡去醒来，醒来睡去，然后又醒来，生理循环乃历史循环也，没到终点又回到了起点！

人民付出了如此惨痛的代价后，才能听到一点儿实话。30年来完全违背经济规律的运作，超高速的发展，与1958年的大跃进又有什么区别？

国人靠什么立于世界民族之林？民族的品德，价值观，人类共有的普世价值！你总不能来一个有中国特色的价值观吧！

我有时不小心上到了象人民网这样的网站，看到的都是各级领导人的各项活动报道，顿感一股党味袭来。中国的新闻媒体都是为当权者服务的。在国内处处能闻到这种党味。新疆失火的那次党味让323个鲜活的生命消失，留下了132个痛苦的心灵！

一个党龄30-40年的老党员被打倒后，都是称他们为混入党内的叛徒，内奸，总是不明白他们为什么能在党内混30，40年不被发觉！一个耸立着锤子镰刀的党旗，工人和农民却成为了最悲惨的阶层！一个党，一个主义，他的理论和实践都不能自圆其说了……，还能领导人民继续前进！

所谓中国正处于转型阶段，就是如何将国家和公有资产放进个人腰包的阶段，至于放多放少，以什么名义放，就是各显神通了！

*　　　　*　　　　*

总想找一个契点，下面的照片就是一个契点！作为一个资深和地道的国人，感受到的中美两国最大的差距是医疗、教育和养老，也是一个发达国家的标准。因这些与老百姓的生活习习相关！不少美国的医疗机构进去后，感觉象宾馆和艺术画廊，感觉不象去看病，而是象见朋友！我经常有一些这样的感受，完全颠覆了我从小对医院形成的印象，这种差别只能从人类文明的进步上来解释了！

*　　　　*　　　　*

如果这些消息是真的，那么印证了我的猜想，也许马云会来美国上市的成功之日，就是他的倒霉之时！一个在污泥中长出的大蘑菇，怎么可能独善其身？马是学英文出身的生意人，英文可以很好，中文可以很好，生意可以很好，但想争脱政治经济关系的枷锁，置现实的经营环境于不顾，是聪明过头了，没有人能逃脱得了法则与规律！

国人浮躁，只想要做短平快的事！没有耐心等待知识转化为经济收益！当然现在看手机的也有不少是学习充电的，电子阅读版，方便！

这篇文章话里有话！内震，内肃。一部党史就是一部内斗史，快一百年的历史了，进步在哪里？打下一只老虎，上来一群围观的，起哄的，落井下石的，然后死老虎被扫进垃圾堆，众人离去，归于沉寂；某天打下了另一只老虎，又引来了众人的狂欢，又归于沉寂，循环往复吧……怨谁呢？

刚才打开电视，正好看到全国政协发言人吕新华答记者问的新闻发布会，感叹朝中真的无人了，找这么一个口齿不清，地方口音严重，连一句话都端不清楚的人做发言人，服了！

＊　　　　＊　　　　＊

30年来粗放经营式的经济高速发展，以牺牲环境为代价，以牺牲属于下几代人的能源为代价，以牺牲几代人的健康生命为代价……，多么惨重！

如今恶劣的环境，严重的空气污染，水土污染，江河污染，食品污染，道德污染，精神污染就是这个民族没有反思，追悔带来的恶果！中国是贪官最高产的国家之一，象长江后浪推前浪，一抓一大把。民间的道德底线彻底失守，小偷、骗子，坏蛋也是一抓一大把。都是内伤未愈呀，你能有其他的解释吗？

＊　　　　＊　　　　＊

这可不是表面文章，不是做秀，都是正常表现！国内的朋友们不要以为是做秀！不明白国内的微信总以一种低俗的标题，来吸引人的眼球？难道除了低俗就没有人关注吗？

想起自己小学时经常参加这样的演出，5岁登台唱的第一首歌是"天大地大不如党的恩情大"！重温历史，往日时光，恍如隔世！

百闻不如一见！FBI管这事？胡扯吧！这里只禁暴力与黄色视频。真的希望国人要自信！要从蓝天白云，净水，净土，安全食品，不坑蒙拐骗，良好人际关系中寻找自信。这位张教授净讲些大数据，关老百姓什么事？老百姓要的是生活质量！他在这个视频中讲了很多不实的情况，扯大旗式的忽悠！有一点要表达，就是无论外国好不好，国人都要自信！不要去贬低别人，来让自己获得自信！

年轻的这代，一定不理解他们的父母那辈人，为什么当时个个都象神经病！在整个毛时期，"知识"从未被得到过尊重。愚昧，荒诞，无知早已侵蚀了民族健康的细胞；荒唐的岁月，荒诞的历史，给那些一路走来的人，都烙下了深深的印痕！这是一个时代的悲剧，还远未落幕！

纪念新加坡前总理李光耀先生！---一位近现代史上最伟大的华人政治家：一位小国大领袖！一位眼睛虽小，却闪烁着智慧之光的睿智勇者！一位世界级的伟人！

本人在90年代去过新加坡几次，弹丸之地，美如花园，国富民强，印象极佳！

有争议好过众口一词！"反共"是信仰不同，"亲中"是国家利益。政治家还真不能用"对与错"，"黑与白"来评价！象李光耀这样在国际上玩得转的领导人，政治家，还真不多！

有危机感了，慌了！有人总是混消党和国的概念，好像离开了党，人民都活不了了！在党诞生之前，人民已经生活了五千多年了，而且还要继续生活下去！

＊　　　　＊　　　　＊

一直以来都不明白"书记"是个什么职位岗位。只有中国，从上到下，各行各业，各公司各单位都设一个"书记"岗位。后来发现"书记"什么都管也行，什么都不管也行。总是对身任书记的人表以同情，有时他们可有可无，面临很多尴尬。其实以前年轻的时候与单位几任书记的关系都处得不错的，除了一位女书记（有些实在是看不过眼，她除了在系里会挑拨离间外，基本不干别的事情。）有些是很好的人，他们后来也都升到了省部级，省厅级，现在过着很好的晚年生活。可能是因为我当时很单纯的缘故，把我作为第三梯队来陪养。我当时多么地心虚，知道自己不是吃这碗饭的，确信自己做不了接班人。一路跟着感觉走到了现在！回头想，国家要耗费多少巨资养着这个职务？丢失和浪费了多少社会资源？算算帐吧！一笔巨大的人力资源的支出，也没能保住江山不变色。"书记"岗位差不多到了过期作废的时候了。

*　　　*　　　*

经常见到国内打女人，打小孩，打老人的场面！以强凌弱，非常气愤！仇恨，内斗，生活的压力，让部分人心理变态，拿她们撒气！整个社会缺乏爱，缺乏善，缺乏健康成长的环境！充斥的都是算计，阴谋，冷漠，防备……

伟人也是普通人，普通人也可以成为伟人！我是普通人，我可以评价任何人，包括伟人！人人平等！人权天赋！

党的最大功劳，就是造神成功！弄得小民连说话都颤颤惊惊的，一个民族精神不自由，思想不解放，那来的创造力？

正视历史，为了国家利益又不纠缠于历史！

国家财政很富，但都进了贪官的腰包，养了一堆官僚，党僚，扯淡的僚，人民就没有什么好福利了！因为资源有限，去了别人那里，就到不了你这里！

国人自己都跑到日本，韩国，欧洲疯狂购物，自己都不买自己的东西，怪不了别人！相反，我这个海外的，经常去中国超市买中国产的食品，一买就是满满一购物车！

就象唱歌的跑去维也纳金色大厅渡金一样，搞不明白为什么国人总是追逐形和虚？

把国人的陋习，劣行暴露在阳光下，就是最有效的爱国！。人类社会是从低级到高级，阶段性的发展的，这不仅是指物质形态，也包括人类的精神文明和社会道德的进步！

我在深圳（1988-2001）期间，共被人盗了9部单车（前5年），2个钱包，3部手机。我熟悉的朋友和同事中，三人被抢手袋，其中两人倒地受伤，身上血迹斑斑；三人被抢金项链和耳环，其中两人的耳朵受伤，血迹斑斑；一合伙人的耳朵被人削掉了半个。在美国14年，还真没有丢过一样东西，朋友中，也很少听说有人丢东西的。

当时有一说法：没有被偷过的人不算深圳人。那两位被抢手袋倒地受伤的，一位是我们办公室的李主任，当时50多岁，又瘦；一位是同事小马，夏天季节，第二天见她全身涂满紫药水来上班，被抢耳环项链的是两位同事，一位朋友。那位被削耳朵的合伙人，是运气不好，碰上了打架的，结果带着绷带上了几个月的班！至于骗子，各种大骗，小骗，大家三天两头就遇见，所以大家都是防骗高手，练就了一双火眼金睛。还有入室偷盗抢劫的，也是经常听见，两次都发生在我们楼上。说这些还真跟爱不爱国没关系，只给回国的朋友提过醒，注意安全呐！知耻者而后生！

跟当时深圳一样，小偷，骗子满天飞，野火烧不尽，春风吹又生！成全民化趋势，这些人约占城市居民的20%，你怎么防？防不胜防啊，每个人都身经百战！我每次回国，都不用钱包，都用朔料袋代替。再加上大忽悠，老百姓能有安全感吗？能把小偷，骗子收拾干净，就算是给人民做贡献了。

深圳原本是块试验田，可长出了毒蘑菇。还在全国推广，现在都中毒了，都得病了，有良医吗？谁治得了？

＊　　　　＊　　　　＊

温故知新！含所有的套路，一个不剩，全军覆没！后来者收贿金额比他们大多了！这只是小试牛刀！

文章写得很好！就是别把责任推给鬼子！获利最大的是在股市中有话语权的国人自己！

为什么体制改革迫在眉睫？贪官都是体制养出来的，全国的老百姓为贪官买了多少单？有的家里只要有一个病人，就都倾家荡产了，病人的财富就流向了贪官！这就是国人病不起的原因！

谁叫我们都是在毛时代成长起来的"头上长角，身上长刺的无产阶级革命事业的接班人"呢！"头上长角，身上长刺的无产阶级革命事业的接班人"是当时党的官方正式提法，我们在中小学阶段，必须口头和文字都要表态的！

一个外国人，不关心本国及他国的事，只关心中国的事，这是什么精神？

一边是手握国家机器的公仆，一边是手握笔杆子的公知，鸡蛋碰石头！

毛时代是：大学生不上课搞革命，公务员不上班搞革命，工人不做工搞革命，农民不种田搞革命……，结果国民经济到了崩溃的边缘，现在只是换了一个词"搞经济"而已。大学生不上课搞经济，公务员不上班搞经济，工人不做工搞经济，农民不种田搞经济……

*　　　　*　　　　*

偷抢婴儿，完全击穿了人类的良知和道德底线！政府如果作为的话，处处布下阻击手，失踪婴儿案是可以控制的！

再转一次偷抢婴儿的帖吧！听从良心的召唤！最近朋友圈不少的朋友转发此类文章。我想大家的感受趋同，人类的罪恶击穿了人类自己的道德底线，作恶的人就是畜生不如。这样的悲剧，仍在国内各地天天上演，我们却不能阻止它发生，我们算什么？记得小时候听大人讲，旧社会有"麻胡子"，专门用药迷小孩，然后带走，吓得半死。如今半个世纪过去后，都不用迷了，直接抢了！你说这个社会到底是进步了，还是退步了？大道理不想听，看细节吧！

这些孩子由于教育缺失，家庭亲情缺失，长大后，会是社会不安定的潜在因素；如不解决农民工进城与城里人享受同等的待遇的问题，和他们的子女教育与城里人一视同仁的问题，中国的人口素质就永远走不出怪圈，永远得不到根本性的改变。解决好了农民们的基本生存权利，农民的子女受教育的权力，农民工的家庭团聚生活权力，把农民们作为人的应有的生存权还给他们，才是解决中国人口素质的根本途径！

*   *   *

股市是最迎合国人浮躁、不劳而获与一夜爆富的心态的，当之无愧的成为了全国人民的大赌场，每人都想大干快上，从中捞快钱，击鼓传花，快进快出！完全丧失了其社会融资功能，资本市场应遵循的原则和规律，是一支悬在空中的美丽梦幻、五彩缤纷的大剑！20天不到，股市就飞流直下三千尺！历史总是重复，并惊人的相似！

确实中国的股市堵场不如！10天不到，跌了1500点，邪门了！这样的股市早就要停办，和追究证券会的责任，害了全国人民，还不让人说个不字。

昨天看到一篇谈股市的好文章，转发后，发现换脸了，撤了。这又是一篇谈股市的好文章，讲得稍微缓和，应该不会被换脸。其实，国人中有很多人才，精英，就是没有放对地方！很高兴最近能看到一些论股的好文章不断涌出！

这样的股市太可怕了！一涨冲天，一跌入地，中间没有过渡，盘整期。这就是赌博，与经济一毛钱的关系都没有！散户们逃命吧！不知道如何收场！

26年前的深圳原野实业股份有限公司原始股票！深圳市当时最早的上市公司只有5家，原野股份是其中之一，还有金田、万科、宝安和发展银行。其中金田和发展银行是由我们经手审核上市的，如果当时能保存一张原始股票到现在，那就是哎呀我的妈呀！很荣幸我是那段历史的见证人！该公司1987年成立，正式发行股票是1989-1990年，这家公司在上市3年后，被清查关闭，由另一家公司收购改名！

中国股票市场潘多拉的盒子从此开启！晨钟与丧钟齐鸣，余音绕梁，从血雨腥风中走来，一路高歌，至今纵横30年了……

而无法推动真正改革的根本原因，是政府已被最大的利益集团——低效的国有企业绑架"----此话还不够深刻，中国的垄断资本向权力寻租，而股票市场只不过是为他们合法寻租，合法暴富提供的平台和工具。皮条客而已，是带有原罪的！

事实上，中国股市一级市场的社会融资以促进生产力发展的功能完全丧失，二级市场就理所当然的成为了堵场！相辅相成的！

*   *   *

19世纪中叶，马克思的《共产党宣言》的第一句就是"一个幽灵，在欧洲排徊……"，200多年来，马克思的理论在西方作为一门学科而存在，尽管早已被实践踩得粉碎，作为一种对历史的尊重，让年轻人有所了解，或者说让他们在比较中选择未来，没有必要紧张啊！历史有他自身的规律，会做自我修复，迟早会选择正确的路！比较一下：多少美国人想移民到中国？多少中国人想移民到美国？多少美国人已经移到了中国？多少中国人已经移到了美国？

*   *   *

这是微友的帖子：灵魂的觉醒

人是有思想的生命，思想决定了行为，人们对于世界的共同认识决定了人类共同的行为方式，人类社会的现状必定是和社会公众对世界的认识水平相关联的。

这是一个物质文明高度发达的时代，这也是一个精神文明相当落后的时代，物质文明与精神文明的严重失衡，是当今社会矛盾尖锐，冲突不断的主因。

我们经常说到要物质文明与精神文明齐头并进，但是，因为受到认识层次的局限，这很难做到，在相信物质是真的，精神只是物质世界的附属功能的现代科学理论指导下，重物质轻精神的导向被刻入人们的世界观里，人们必定趋向物质追求，两个文明怎么可能做到齐头并进？

在追求物质的浪潮中，金钱成了衡量人生价值的唯一标准，成功人士成了有钱人的代名词，现在不是信仰缺失，而是信仰错误，以前的信仰是拜神，现在的信仰是拜金，追逐金钱成了人生头等大事，为了赚钱道德沦丧成为必然趋势，于是我们生活在物质的天堂，也生活在精神的地狱。

物质生活丰富了，为什么没有如预期的那样给人们带来幸福感，反而造成了整个社会的迷茫、恐慌、焦虑和浮躁？

这是整个社会对于世界的认识出现了偏差的结果，在崇尚物质，忽视精神的大背景下，物质上的强烈刺激与精神上的空虚形成了巨大的落差，让人们迷失了方向，产生了整个社会的集体沉沦。

2000多年前，以老子为代表的东方哲人，主张从整体去认识世界，确立了天人合一，人与自然和谐，身与心和谐，人类社会内部和谐的东方哲学思想，引领人们走上了一条东方文明之路。在这个文明世界，精神高于物质，重义轻利，崇尚自然，创造了一个以精神为导向的东方文明世界。

以苏格拉底、柏拉图、亚里士多德为代表的西方哲学家，主张从部分去认识整体，确立了逻辑学，数学，物理学，伦理学，等学科分类，引领了西方文明发展，这个文明崇尚理性，鼓励商业贸易，支持技术发展和应用，这是一个以物质为导向的西方文明世界。

一个以物质为导向的文明，必定会无止境的攫取，无节制的对外扩张，不仅祸害自己，还会祸害整个世界，一个完全以物质为导向的世界，最终会成为地狱。

当今层出不穷出现的社会问题和环境问题，终于让人们产生了警觉，回归传统文化的呼声日益高涨，由此产生了持续升温的国学热。然而现实是我们注定回不去那个"克己复礼、温文尔雅"的孔孟之乡了，因为我们不可能无视现代科技的冲击，不可能无视现代科技带给人们生活方式的巨大变化，一味要求孩子们学习《三字经》、《弟子规》、《千字文》、《论语》、《道德经》，不可能这么简单就能回归到传统文化中去。

我们需要建立一个既能包容现代科技文明，不脱离传统文化而又超越传统的新的绿色环保新思想体系，实现精神的觉醒，在新思想的引领下，从物质泥沼中抽身，去发掘精神的价值，建设新文明时代的精神文明。

作为人类认识世界的科学领域，更应该正确看待精神的作用，引领人类进入以精神导向的新文明时代，

现代科技给人类带来了前所未有的物质享受，以至于人们认为这是最好的文明时代，他们不知道物极必反，盛极而衰的自然规律，不知道因为错误地选择了物质至上的道路，人类文明已经危机四伏，我们必须尽快实现精神的觉醒，走向新的精神文明时代。

*　　　*　　　*

只有保持人与自然的和谐秩序才是人类在这个太阳系唯一绿色星球上得以繁衍生息的关键。

不是国人找不到方向，是不想找！西方不仅仅是现代科技文明，还有灿烂的古文明，物质文明为主导的扩张是或只发生在中国，西方现代文明的核心是民主、法制，人权，国人视而不见啊！

近30年来的大干快上，真的把未来500年的资源都耗尽了！人性的贪婪对大自然无节制的索取，导致如此恶果！下几代人怎么过？

15岁-20岁，人的世界观已基本形成！

深圳35年内从一个几千人的小鱼村发展到现在1600万人口的大都市，都是因为老邓在那里画了一个圈，宇宙速度哇！凭感觉就是过度开发，大干快上造成的！

一言难尽……！尽管热血沸腾，还是空谈！品牌尊循的是商界规律，为什么好公司，好项目国人自己不投资，都被美国人日本人看中了？缺乏远见和自创品牌、自保品牌的能力，怪谁呀？

别忘了，这是一个由无产阶级，由缺乏教育和教养的工人农民建立起来的政权，走到这一步，已是很不错了！

社会主义的改造都是通过枪杆子完成的，根本就不是一个常态的社会，这就造就了国人的命运多舛！

国人多"无趣"！由我们几千年的封建礼教文化所赐。一个没有解放的心灵，很难变得"有趣"！

只有在中国，做企业才那么难！难于上青天，难于爬雪山！所以我们有很多厉志的帖子！一个崎形的体制、病态的环境，让多少有志创业的男儿女儿，抛头颅，洒热血，前赴后继，折沙疆场！所以，我要说，创业失败，不是你的错，你已经上刀山了，你已经下火海了，你努力了，你把一切都贡献了，你没有成功，是因为你生错了时代！不要把未来都砸进去了，致少还可以保全晚局！否则晚局也不保了！

想起了一个帖子：除了财富，希望她在美丽的世界生长！

毛时代的"大雅斋"御瓷；看看现在这批御瓷的拥有者是谁，就明白了！别骂我！

现代史，是一部血泪史！几乎每一出名的大家，都是从风尘中走来，经过了9981难，出名之后，脱离苦海的……

一段不堪回首的历史！一个特殊时代的祭品！枪响之后，谁是赢家？伤害别人，就是毁灭自己。

那代人有太多的悲剧，重复着各种悲剧，有些悲剧还在继续……

中国的文人就是生不逢时。不能回避和绕开这么一个深邃沉重的话题----文学的社会使命！从地砖下、从墙缝里钻出来的伟大，这无限的生命力，让人类的文明进步之光，思想精湛之火种得以保存！

中国的教育是最大的失败！由于教育的失败，民族素质的提高就是一个梦，永远的梦。几亿农民教育的缺失，恶化，会让城里人、受过教育的人也永远、一并生活在恶梦里！不改变教育，中国梦就永远只是一个梦了。

感同身受，无能无力！非常惭愧！

       *   *   *

这是当时非常轰动的大案！香港的商界大佬PK黑帮大佬！2人的共同点都是智慧超凡、诚信守约！张子强当时在香港也是一个人所皆知，很有口碑的黑帮人物，名气也不亚于老李呀！然而，可惜的是，一个是商人思维，一个是强盗逻辑，水火不同。几年之后張子强在内地又犯下大案，被执行枪决！其实，说句不好的话，就是明劫与暗抢的区别！

＊　　　　＊　　　　＊

任何一次体制的失效，都是以人的生命为代价来平息，而人的生命的丧失唤醒了国人吗？没有！罪恶照旧，罪恶继续，只是换了一个地方，换了一批人而已！

不支持死刑！还有比这更悲催的吗？如果以杀头来治国的话，人类的文明不需要进步了！

喜欢王小波的随笔！如果他能活到现在，该有多么精彩的文字出现……！他是一个不同凡俗的人！

他的文字和思维十足地镌刻着那个年代的烙印，一种灵魂深处的痛苦、压抑、屈辱、无奈与挣扎……，有些观点我能理解但无共鸣，了解了那个时代，才能更多的理解他的呐喊！

"在政治伦理发生根本改变之前，强调道德伦理似乎是一件很奇怪的事情。在一个失败的社会，你是无法找到胜利者的。"----当你读到一篇好文章时，总是忍不住内心的喜悦并且急于与人分享！

互联网并不是严格意义上的实体经济！称为信息产业！

"他们的死不能改变现实。"----这样的基金在中国只是杯水车薪！贪官的嘴里吐出一点来，就够了啊！

在美国很少看到这种充满仇恨，挑拨离间的文章！

每个时代必须通过创造力来证明自身的历史贡献。

＊　　　　＊　　　　＊

国人不能使用google,损失是多么的巨大！我从来不用百度找东西！一个在全世界都使用的搜索网站，只有在中国被禁止使用，公平吗？

百度这种让搜索结果与广告捆绑一起的做法，太叫人恶心了！"道德，是商业的上阁楼；法律，是商业的下阁楼！一旦道德的上阁楼的地板破了，一家公司就很容易掉下法律的悬崖！"

＊　　　　＊　　　　＊

中国的公务员队伍是世界上最庞大的队伍！也是世界上享受福利待遇最高的贵族公务员队伍！政府机关的有些人，一杯茶一张报纸便可以打发一天、一个月、一年和一辈子的时光……。但是工资待遇可以比普通百姓高几倍，退休养老金可以比普通百姓高几倍，医疗福利待遇可以比普通百姓高几倍。而且掌握和控制着社会的各项资源，是滋生腐败的最大的温床！这块肿瘤不除，中国社会不可能轻装上阵！

*　　　　*　　　　*

"即使是在黑暗的时代中，我们也有权去期待一种启明（illumination）。"客观、环境、体制不应成为作恶者的任何借口。事实上除了奴隶社会，现代文明的任何社会存在状态，人都是有一定的主观选择能动性的！

你在美国应该知道，美国的退休养老制度是间接承认了家务劳动的经济价值的！如果配偶有一方没有工作，66岁以后可以领取有工作那一方配偶的养老金的一半！做家务的妈妈们如果没有上班，66岁以后社保解决养老的问题！也算间接部分地承认了家务劳动的经济价值！

简直不可思议！这些医院是如何合法开张的？谁批的？国内的武装力量拿来对付医院和医托，还要以正义的名义执法！这种执法的本身合法吗？都是笑话！一个没有法制的社会，只能在这种低级的旋涡里转圈圈，何时能走出中天？祈盼……

*　　　　*　　　　*

关于文革，这篇文章只是报道了其中的极小部分。我所上小学的一位女老师文革期间就吊死在女厕所里，因害怕，我们每次都约几个女同学一起进。我父亲单位的一位同事因参加武斗被打死，他老婆把他背回家，放在门口的竹床上，夏天都发臭了……，这些都在幼小的心灵留下了创痕。我们从劫难中走来，我们真的不能忘记历史！现在还只是说，文革是错误，没说是犯罪。这是10年的浩劫，死了多少人？抗战才8年。再过一些年，等我们都不在了，这段历史就掩埋在瓦砾之下了。下一位诺贝尔文学奖如果再给中国人的话，一定是写这段历史的人！

文革运动，不管是施暴的，还是受虐的，他们后来对这段历史反思过吗？这帮当年挨斗的当权派，后来都官复原职，在作威作福的时候，对这个国家的法制建设又做了哪些推动？这帮当年施虐的，后来又都被人打翻在地，他们在地上滚，地下爬的时候，反思过吗？

"文化大革命"是一场由领导者错误发动、被反革命集团利用，给党、国家和各族人民带来严重灾难的内乱，造成的危害是全面而严重的。历史已充分证明，"文化大革命"在理论和实践上是完全错误的，它不是也不可能是任何意义上的革命或社会进步。这是《人民日报》深夜发文帖中的内容！走出这一步，也这么艰难！不管怎么样，总算走出了一步！文革结束40年了！等了40年总算有了这么一个结论！

"知识青年到农村去接受贫下中农再教育。"，这是当年多么响亮的口号，好象就在昨天！老毛的诗写得再好，史读得再多，无论如何也难归知识分子之列，总与人类文明的进步反向行！

这个社会有多大的进步？想到我的童年，那是文革期间被男生殴打的情景！小学3年级，一群男生追打着一群女生，眼看一个比我矮的小个子男生要追上我了，没想到我停下来一回头，给他一耳光，把他打楞了，趴下来，大哭！也顾不上追我了！这是我平生第一次打人！

如果你不幸生在那个时代，所有童年的记忆会是你心中永远的痛！没有老师，没有家庭作业，没有考试，经常停电，学生互殴，老师互斗，父母的同事互斗，父母互斗，兄弟姐妹互斗；工厂停工，单位停产，学校停课；游行的，游街的，示众的，打砸抢的；经常见到死人，跳楼的，跳水的，上吊的，武斗打死的，枪毙的，等等，总是在庆幸能从那个灾难的岁月走过来的人们，必具有大条的神经，坚不可催的意志……钢铁就是这样练成的！

对文革民间的反思看到很多！没见任何官方的追思和表态，那帮挨整的家伙重新掌权之后，多数好了伤疤忘了痛！这个民族是受过深深内创的民族，元气早已大伤，影响到几代人的素养！

这是为什么走出国门后，引起如此多的非议！没有一个健康的法制体系，还会恶梦不断呀！

国内很多这样的视频，真的很无语！人的良心都去哪儿了？人与人之间哪来这么大的仇恨？如果大家都互相伤害、仇视又哪来幸福的人生？我们只有一次生命啊！

有枪制度必须是建立在一个有高度自律的国民素质基础之上！

社会出了问题，教育岂能独善其身？

穷追不舍就是对历史做最彻底的反思！

"每个时代必须通过创造力来证明自身的历史贡献。"

小时候看过的革命电影！细节都忘了，重温觉得太残酷了！那时的教育是：革命就得抛头颅、洒热血！现在叫洗脑！

不过足以让加拿大人骄傲的是，在如此紧急关头的撤离，没有一辆车抢道，加塞。所有人都井然有序，相互安慰，互相帮助。

苦果和烂酒！一地鸡毛！

数字经济就是白日梦经济！

*　　　*　　　*

常识的力量就在于，越是追求控制能力的组织，越喜欢选择顺从的下属，而越是只知道顺从的下属，能力肯定一般甚至是很差。这意味着一个巨大的陷阱：一个人的控制力越大，他所得到的信息越失真，他的权力越大，欺骗他的积极性就越高。所以专制社会从上到下都是一个愚蠢的游戏，如果你不愚蠢，或者不愿意愚蠢，你会很快出局。

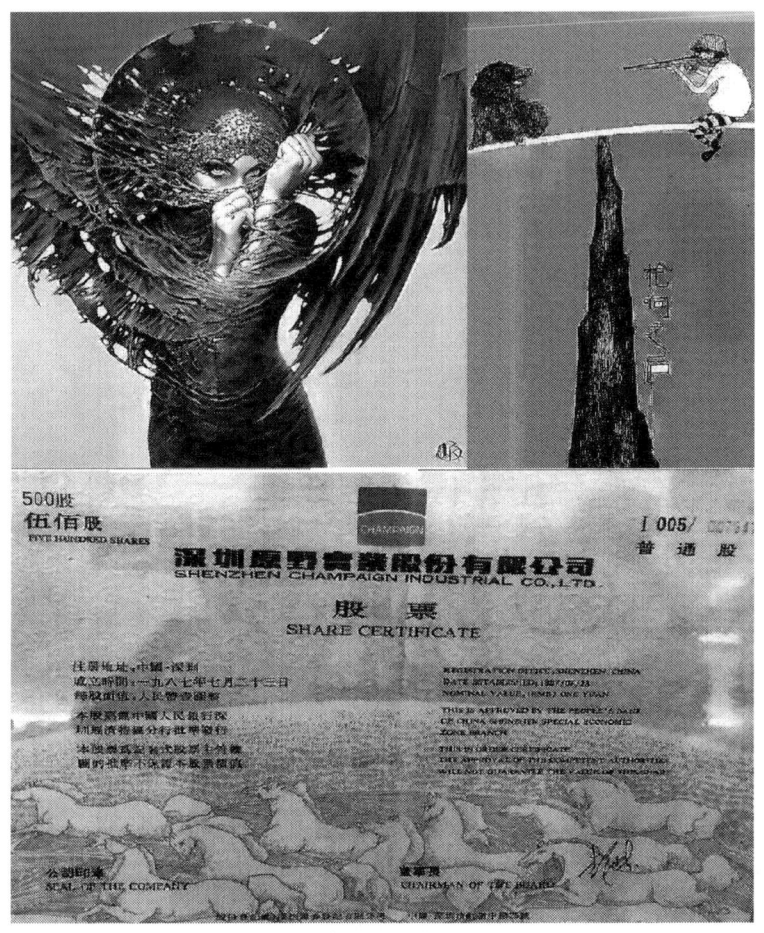

图17：（上左图）美比妖，魔性；（上右图）枪响之后；（下图）发行于
1990年，中国最早的原始股票。

图18：（左上图）2013年2月，作者参与世纪合唱团的庆祝中国新年的演
出；（右上图）2016年2月，作者参加世纪合唱团庆祝中国新年的演出；
（左中图）2014年11月，在庆祝北美华人合唱协会成立七周年汇报演出活
动中，作者参加波士顿世纪合唱团的演出；（左下图）2015年9月，作者参
加世纪合唱团在Westborough老人合唱中心的演出；（右下图）2014年11
月，参加世纪合唱团在黎指挥家的聚会的图片集锦。

图19：（左图）作者参加2016年2月中国新年演出之旗袍秀；（右图）2016
年7月，作者参加世纪合唱团暑期烧烤聚会。

图20：（上2图及二排左）作者参加及千人《黄河大合唱》。（下2图及二排
右）2014年11月，庆祝北美合唱协会7周年，作者参加爱乐合唱团演出。

第三部　　杂　谈

➢　杂谈
➢　关于 波士顿千人《黄河大合唱》
➢　关于"五味杂陈群"

一个人的幸福感，不是来自丰衣足食，而是来自内心丰盈。丰衣足食，获得的是人生的踏实感；内心丰盈，获得的是灵魂的归属感。前者让人从容赶路，后者给人在路的前方点灯。

——宛霞（Xia Saxe)写于2015年

图21：波士顿西郊Sudbury 镇2016年春天的湖景（宛霞 摄）。

杂 谈

不歧视他人的处世态度，不干扰他人的生活状况，给予彼此独立的个人空间，并体谅对方以任何形式存在于这个社会，以平和的心态去接纳所有看似"不可思议"事物的存在。这才是真正处世的高贵与灵魂的优雅。

越低调的人越见其格调！

我看了第二眼，就知道答案了！这就叫考智商！如果你看了第三眼，还不确定的话，就放弃！准确的说法，是考情商！

每一个平常的中国家庭的后代，到美后，都是这么过来的。如果作者和其本人有着更多平常人的平常心，也不会觉得这是多么特别的故事，还是多少缺少些骨子里的高贵！

身边处处是精彩，缺少的是发现精彩的眼睛！

心浮气躁的人又岂能听见雪声？好文加好景，无可挑剔的帖子！好的东西总能愉悦人，从内心涌来！这篇帖子朗读是败笔，此时应该无声胜有声，用心来默念，或只配乐！

很多时候，尊重绝不是社交场合的礼节，而是来自一个人对另一个人自然的平视，发自内心的平等对话，质朴而明确，不功利也不廉价。尊重合理的一切并不难，难的是尊重不合理的一切。能克服这种困难，本身就是一种伟大。

＊　　　　＊　　　　＊

天哪！第一次看美国春晚，49届Super Bowl橄榄球冠亚军决赛。新英格兰对西雅图，虽然只看了最后15分钟，但幸运看到最精彩的部分，波士顿的新英格兰队终于在14年内第4次夺得了全美冠军！这才是真正的美式春晚。能感受到全民在狂欢，能感受到波士顿象欢乐的海洋。庆祝的人们正在摄氏零下十几度欢呼！

第一次看Super Bowl超级碗！以前没有任何兴趣，从不关心！这次受微信朋友圈影响，有很多是新英格兰队的球迷，最后

15分钟（实际半个多小时）去看了一眼，加上老公在旁边讲解，还算领悟得快。因为懂点和喜欢足球，所以一点即通啊！

＊　　　　＊　　　　＊

秋天的波士顿。满山遍野，满目的这种黄，这种红，置身其中，让人留连往返，叹息：金秋即逝，严冬来临！

新年喜迎第一枝，幽幽兰花满屋香！

新年伊始，雪，又是场雪，漂漂洒洒，满天飞舞，润地无声！地，又是一地，白白茫茫，旧雪未除，新雪又至！天，又是一天，停工停课，困守家中，围坐炉火！好一派北国之风光，好一幅银装之素裹！

在寒冷的冬天里，坐在暖和的屋内，围在火炉边，打打毛线，看看电视，喝喝热茶，闻闻幽香，也是一个爽啊！感谢冰火两重天，给生活增添了别样的体验！岁月静好，花落无声！

今天是一个阳光灿烂的日子！湛蓝的天和冰雪之地总是不期而遇，交相辉映，不愧冬日奇观！天是湛蓝湛蓝的，地是雪白雪白的，路是冰冻冰冻的，道是干滑干滑的，人是小心翼翼的！

冬日絮语

在波士顿地区，在今年以来的第五场大雪中，我终于勇敢了一回。全副武装地出门，拍下了这些珍贵的镜头，总算体会到了什么是狂风卷起千堆雪！我们小区的牌子只剩下小半个脸，半睁半闭地在茫茫雪海中不知所措；小区的门灯也被淹到了脖子，在阵阵狂风中挣扎求存；我家后院的桌椅已不见了踪迹，完全被深埋在了雪堆里；门上的花也成了真正的雪绒花……。问题是，这还不是最后疯狂。还不知有多少个飘雪的日子等着你我他！

春天来了，冬却不愿离去……。小区的路入冬以来第一次被冰雪覆盖着！开车走路都要小心！4月的低温！

冬已踪影难觅！春的笑脸挂满枝头！翠了躯身，红了枝杆，绿了眉稍。姹红、嫣紫、嫩绿，一片生机……，春的涌动！波士顿今年的春天姗姗来迟！

春天的波士顿。花红柳绿的日子来了！温柔的春风吻醒了沉睡大地,吻醒了枯树残枝,吻醒了野地小草, 所有的生命焕发着生机, 飞红走絮, 莺歌燕舞, 怡人的季节到了, 这是人间最美的四月天！

图22：2016年4月，作者与友人在波士顿的Bluehill游玩。

朴素是指内在，指心灵的"天生丽质"！

章子怡和汪峰，没有谁配不上谁，历尽劫波之后，他是她横了心的峰棱，这棋逢对手的一对, 这两段一般人都不敢轻易接手的人生, 正好彼此收留！

一个人的幸福感，不是来自丰衣足食，而是来自内心丰盈。丰衣足食，获得的是人生的踏实感；内心丰盈，获得的是灵魂的归属感。前者让人从容赶路，后者给人在路的前方点灯。

波士顿地区最好的以华人子弟为主的专业舞蹈团体---天使舞蹈团！我女儿曾在该团学过一年的中国舞！后终因忍受不了练功之苦，遗憾地放弃了！

30岁以前的经历是一笔财富，她一定有很好发展的！

不看微信真的跟不上时代了！

看好农业！是最后一个还未火爆的传统产业！

怀念德克萨斯！一望无际，辽阔无边的田野！一个我在那里生活了十年的地方！春天的野花，总是把大地点缀得一片嫩绿、樱红、金黄！空气中弥漫着淡淡的清香！远处牛肥马壮，几棵硕大的橡树，正舒枝展叶，营造着德州特有的原驰蜡象！

麻州的瓦尔登湖（Walden Pond）美丽而又神秘，因一部伟人的著作而驰名天下！1854年，美国著名作家Henry David Thoreau 出版了一部小说叫《Walden, or Life in the Woods》，由于作者当时正好住在瓦尔登湖边，使得该池塘声名远扬！现在成了麻州一大旅游景观。以前多次路过，总是视而不见，今天我终于驻足观赏，拍下了一些Walden Pond的照片，了却了心愿！

我的美女好朋友把荷兰的主要特点都抓住了：郁金香，风车，木鞋，水……，见秀如见人啦，清新脱俗，淡然天样，就是这么二位汉家姑娘！这，也正是宋瓷的风格呀！

自行车深度游！喜欢这种慢咬细嚼的精游风格，这才叫不虚此行！回想当年2000年我的欧洲游，10个国家，包括荷兰，跑马观花，匆匆过客，对荷兰也只能留下一个郁金香、风车、木靴、红灯区之印象。当然回访是必须的！当年的"跑跑游"留下印象最深刻的是瑞士，绝美的自然风光；意大利，古迹之国……。心里一直回荡着一个声音：我会再来的！

今天上午参加我镇华人组织的Sudbury Assabet River National Wildlife Refuge 健走活动，全程4miles，走了1个半小时！沿途不断住足于原生态的野外风光，飞禽野鹤……，意外的是，还发现了二战时期美军基地的弹药库，一群一群的象碉堡，还有一个孩子都很开心的迷你野生动物博物馆。

Such a nice day! Half day in Deer Island, half day in Boston Park, plus a richer hot pat lunch，plus big shopping in Chinese groceries store! 多么美好的一天！半天在鹿岛，半天在波士顿公园，亦步亦景，人间仙境！外加一顿丰盛的火锅午餐，外加在中国杂货店猛买，真是乐不思蜀了！

真的很幸运，跟着在波士顿住了二三十年的朋友们一起来到鹿岛，原本是想把家里的两位home bodies（宅男宅女）轰出来，晒晒太阳，没想到发现了一处波士顿外海的千岛湖，风光无限哪！即使他们在波士顿住了二三十年的朋友，也是第一次听说和第一次来！要多幸运有多幸运，照片为证！这岛除了是看波士顿的外海的最佳位置之外，还有一个波士顿地区最大的污水处理厂，叫一个开眼界呀！通过风能和太阳能把污水分离，净水入海，污染物进沼气池，又利用沼气发电，再分离污水，废物利用，变废为宝，经济又环保！还有参观该岛，全部免费！

来波士顿快四年了，第一次去波士顿公园，都是叫家里的两位home bodies（宅男宅女）害的。当然去得早不如去得巧！今日更是风光无限，波士顿最美的季节，最好的春光，尽收眼底了，不到波士顿公园就不算来过波士顿！家里的两个home bodies（宅男宅女）兴奋不已啊，还是妈咪聪明，女儿在想！好山好水好地方，老公在想！玉宇琼池，波澜不惊，平静如镜，荡一叶小舟，赏沿岸花红柳绿，此景只应天上有，在人间！

我在美国德州和麻州住了快15年了，很少有连续下雨两天的，为什么同一个地球，气候差别那么大？

其实澳洲本地人也不错啦！不管你来自哪国，到了澳洲就是澳洲人，行为规范都要改变和适应，要能在澳洲好好生活，离不开当地人的帮助，生活及生存观念都要发生变化！重要的是观念的转变，才有行为的变化，行为的变化就会带来好的生活结局！

昨晚热热闹闹的全美亚裔妇女会，第九届周年餐舞会，用时五个小时（6-11点），一个字：晕。有这么几个亮点，印象深刻：全部菜肴美味可口，物有所值；世界冠军级的国标舞星的国标舞表演，震雷全场；2015亚洲小姐预选赛，波士顿赛区冠军结果结晓：多才多艺的3号金虹声！参加这次活动的目的，就是为了赶赶热闹！

今天的黄昏未出门，错过了绝美的景色！不少朋友都拍下了这醉人的黄昏。

我在2000年去过迪拜，一个非常富裕，现代和开心的城市，全球各式现代建筑的集大成，由石油的财富转换而来，不要想不开，上帝的宠儿！

庆幸女儿生在这里！否则就是一学习的机器！童年和青少年价段是人生最美妙，最快乐，不可替代，不可逆转的价段！孩子们开心，有一个健康的身心是最重要的！

院子里即将绽放的花与女儿的生日贺卡

女儿12岁的生日与院子里的花一样，正是即将绽放的年纪。爸爸送了一个卡，今年的卡是这样的，与原来一样。妈妈送了一个卡，今年的卡是这样的，与原来有别。在爸爸眼里，女儿是永远长不大的孩子，所以送了一个同样风格的卡；在妈妈眼里，女儿一定会长大，且将来一定会独步人生，有着自己的岁月精彩！她健康聪明，比我高了，追我重了，有自己的独立思想和意识了，对父母来说，更艰苦的工作在后面。很幸运，我找到了这张卡，正如我思我想我望！它寄托了一个母亲对女儿未来成长过程的全部期待：

> What makes a daughter special?
> It's not how she does her hair,
> The music that she listens to
> The clothes she likes to wear
> It is not the eyes can see
> That bring a parents pride
> But the warm and carrying   person .
> A daughter is inside
> It is her gentleness and laughter
> The joy she always gives
> Her honesty and kindness
> And the thoughtful way she lives
> What makes a daughter special?
> Right from the very start
> It is most important thing of all-
> The love is in her heart!

花如女儿，女儿如花，含苞欲放！

-----写于女儿生日之际

*　　　　*　　　　*

The fourth day of vacation: left Martha's Vineyard island and came to Newport RI, the hottest resort in NE of America. The big ferry between Martha's Vineyard and main land; Newport streets views; Newport boats views; old grey stone street;antiques store,see what I bought;yummy seafood restaurant again,first time tried American cooked mussels and claims,taste great! I will be back to this restaurant again! Outside door movie and Newport's nights life,all of restaurants are full,drinking +music and my banana baked pancake.Newport的夜生活，所有的餐厅都满了，酒和音乐！刚进餐不久，又在一个夜摊店，买了一个热腾腾的香蕉烙饼！

多谢各位同学朋友关心问候！最近一直在忙些无厘头，犯二的事，未能及时回复，昨天的冰雹雷暴只持续了10-15分钟，很快雨过天晴，恢复正常了！谢谢大家关心！

白女士是世纪中文学校文坛大才女，我们的新团员！是金子在哪里都发光啊！就算是换到黄河大合唱阵地，也能一如既往才思奔涌地如黄河之水天上来……洒洒脱脱！喜贺赞！

昨晚的天空！——朋友圈最佳照片集锦！中秋月全食加血色的月亮，几十年才一遇！由于波士顿是最佳观景城市之一，朋友圈的频被刷爆了！

还是香港！玩在香港！懂得和谐之道，从意识形态、从历史的深处多层面、多角度、多方位的感知彼此，明天会更好！

微信既是快餐文化，也是百科全书！

*　　　　*　　　　*

晒晒我家的老妈妈！我家老妈今年已是85岁高寿了，耳聪目明，生活自理。还是证券公司和理财公司常客，重在参与嘛！今年的状态要稍差一点了！她曾经动过三次大手术，经历过一次严重车祸，患有高血压、心脏病、脑动脉硬化，但是70岁以后这些症状减轻；80岁以后，这些症状逐渐消失！这一切都归功于她坚持了几十年如一日的自我锻炼，几十年如一日的自我饮食调节！我老妈也算是奇葩一朵了！

转发群友悠悠兰香刚刚完成的大作！好文！文如其人，如悠悠兰香，似淡淡清凉……，自然真挚、润物无声……谢谢燕妮！并借分享此文祝各位感恩节快乐！

"过节休假在家，时间慢下来。早上偶然看到从百叶窗挤进的一缕阳光，经过紫，兰，黄水晶的折射，灿烂了卧房的一角。挪动水晶，折射的图案便发生变化，像小时候玩的万花筒一般。欣喜！这第一次的遇见让我感慨，多少次这样的光辉绽放我都错过了呵。看来，美丽的邂逅就是在离自己最近的地方也是可遇而不可求的感恩节之际，为健康感恩，为美丽感恩，为今生所有的遇见感恩，感谢生命里有你们，不论在远方还是近处，我们的祝福同在！感恩节快乐！"

谢谢悠悠兰香分享感恩节的介绍！再补充一点：感恩节是一个地道的美国本土的节日，也是属于全部美国人的节日！就其广泛性来讲，是美国最大的节日！而圣诞节是一个宗教节日，世界各国基督教，天主教徒们都过圣诞节！在美国，犹太教、穆斯林、佛教、摩门教等等其他教派的人是不过圣诞节的！

*　　　　*　　　　*

人的自然属性让人类拥有性，人的社会属性让人类的性变得复杂！

踏踏实实做企业，远离与规律和常识相悖的事！祝你一路前行！

微信人民广播电台正式开播！现在是新闻节目！

现在是音乐欣赏节目！

现在是鉴宝节目！

现在是诗歌欣赏节目！

现在是书画欣赏节目！

现在是摄影发烧友节目！

现在是自由聊天节目！

现在是吃货节目！

*　　　　*　　　　*

想起来了，当时1989年我还与住在里面的一位先生来往了几次，没准就你们公司的，结果人家嫌我思想深度不够，没有看上我，作为报复，我把这本向他借的有思想深度的书《山坳上的中国》扣了下来，一直没还，就是不还！

年年岁岁相似，岁岁年年不同！

两情相悦，纯爱是最美好的。纯爱没有对错！我们是社会的人，才会受制于社会的约定俗成！

是否有些拔苗助长？这么有难度的诗！孩子需要更多童年的其他快乐！你要儿子成为全能冠军吗？他未来的空间在哪里？没有那一个小孩不喜欢玩！今天谈的是小孩教育！美国孩子的童年是多么的快乐！美国孩子高中4年也是拼了！大学4年也是拼了！小学、初中轻松！他们是加速度！我认同，符合成长规律！一个不被束缚的心灵，才能在未来飞得更高！

当你漫步并行走在街头，在古老与现代的缝隙里穿行时，你会感受到历史厚重夹带当代文明的轻风，醇厚浓郁……

聪明解决技巧问题，是术；智慧解决方向问题，是道。

我们在小时候被教导很多事情不能做！因为你是女孩！我老公鼓励女儿做任何她喜欢的事，鼓励她当总统！这在我们小时候是不可能的！在妇女解放的问题上，西方做得更好！充分发挥女性的聪明才智，为社会服务！所以，美国很多家庭，妻子的收入比丈夫高！

这里的一山一水一草一木，确实是诱人灵感，出好作品的地方！你总能放松自己，拥大自然入怀！波士顿，灵气之地，很值得品味！

大作拜读了！非常倾佩这种愚公移山的精神！朋友和朋友的闺蜜正在为建桥梁增砖添瓦！在文章的历史内涵考证上，下足了功夫，这是不容易的！俏皮的文风，也是一花独放，特立独行的一景啊，叫人脑洞大开！哈哈哈，好酒一杯！骄傲地转发了！

回朋友的帖：今天醒得早一点！我一只认为你是一个弟弟的形象，看了照片，弟弟变哥哥了。我比你大很多，但外表不见得老过你，归功于我15年前的选择！回头看，我放弃國内高薪来美完全正确！一架绞肉机，无论政治环境，从商环境，都是让人送死的。做那链条的一环 看有多少敢死队吧，前赴后继！浮躁的心，何以能感受世间的大美？我直帅，你别见怪！来美久了之后，尤其我生活在美国人的圈子里，我有十分薛明对比和感叹，是巅复性的！是让我心灵彻底地阳光性的解脱，与信教无关，我及家里那位都不信教！潜移默化、润物无声、脱胎换骨。我仍是中国人，但更接近美国人！西方文明，会让人活得如此之从容！包括生活的方方面面，家庭社会的各种关系！

看了一幅照片之后的感想：他还能守候什么？是无奈，是绝望啊！一个孤独的老男人，还奢求什么？住在新房也是一个人，还在乎呆在哪里吗？没有家，房算什么？

之前看过的印度电影都是情调型的小片。第一次欣赏这款宏篇巨制，真的很震撼，与张艺谋的英雄有一拚，甚至超越！当然现代科技也帮了大忙，虽不是我喜欢的内容，但确实震撼！厉害！除了赞还是赞！

在高手如云的世界，我们俗人要做的就是要有一个好的心态！

很高兴你能看到这一点！一定要与现实保持距离，要不，你也完蛋了！肺府之言！这是原则性的东西，底线！个人不能改变社会，但完全可以独善其身！

爱情最有杀伤力！

不是指大爱，就是私人订制的爱，足已！各位，你们到底有几位觅得了世间真情？光是白头偕老，那是不够的！

我不要金钱万贯，我要快乐人生！

感谢微友分享！在我眼前打开了另外一扇窗！另类文学！这样的文笔太过瘾了，如烈酒，如刀剑，将人灵魂深处的丑恶撕烂，彻底的鞭斥，不留一丝情面……

每一次的跌倒，都是成功的开始！记住这句话！

上帝如此的眷恋马哥（马友友）！可以说我这朋友圈里没有一个人有他那么幸运：与初恋的女友携手人生，还白头偕老；这位初恋的女友又是他生命中唯一的与他身心灵相通的女人！好事全给马哥了！

公德缺失，公共意识的缺失，才学五斗，又有何用？

我其实有一草本叫"微海闲集"，已有几万字了，整理一下，可以出版了！下一步，可以开始写"收藏经济学"了！灵感就在一刹那间！不过一开篇，我就要把刘益谦骂一通……，他是背道而驰的典型代表，"搏傻论"适合他。

我想我们每个人在中学、高中、大学都暗恋过男生或女生，是一种非常美好的感觉，掩饰和回避，都是不人性的！这个12岁的男孩做得多棒……，大赞！

感悟：没有任何人能帮到你，只能靠自己，努力吧……，每天做减法……

我们很多人都只顾匆匆赶路，却错过了沿途的风景！生命短暂，弹指一挥间……，很多人在赶路的同时，想着等我老了，我要怎么样怎么样，遗憾的是很多人等不到老的那一天。老调重弹，生命的意义是什么？匆匆赶路是为了生存，生存又是为了什么？

这是另一版本！往事不堪回首！一个被愚昧绑架的年代！这就是中国人的小聪明，沾小便宜，自己没成富翁，从小的讲，误了个人大事，还缺了德！从大的讲，误了国事，国德！

*　　　　*　　　　*

你与一个美国人结婚，是只与这一个人结婚；你与一个中国人结婚，就是与他一家人结婚！这种界线感减少了很多矛盾的发生！家庭关系中最难处的就是婆媳关系！而我认识的嫁给美国人的中国媳妇们（几十位了），都与自己的婆婆相处十分融洽，都说自己的婆婆好，能象朋友一样交心！这是人际关系中最难相处的关系。来美国15-16年了，发现最大的受益是人际关系如此简单！将复杂的事情简单化！必须承认，西方人的幸福指数比东方人高得多！

所以一并回答：从第二点谈起，我对我老公百分之百的放心，从不查他任何电邮、手机、他的信件从不开封，因为我相信他是一个纯粹的人！不打任何折扣！第三点，生活习惯，吃是个问题，但不是最大的问题！中西不仅是文化、观念差别，饮食习惯，味觉比观念顽固多了，到现在还困惑我。当然我学会了做很多美国菜，是为他们，也做中国菜，是为自己！饮食是可以中庸，可以调和的！但一直自做自赏，不能共鸣，有些欠缺！第四点，我的法制观念是与身俱来的！14,15年前我们也做了财产公证！因为这对双方都是一个保障！折成美元后，当然他的财产比我多，但你与人家结婚，并不是去分人家的钱，我不理解为什么一些中国未婚妻不愿意做婚前财产公证！

＊　　　　　＊　　　　　＊

每天挖地三尺，爬楼三千，为微信朋友圈的朋友们挑选最好的帖！俯首甘为孺子牛！

"长得那么美那么帅气，自己却不知道，这就是气质；那么有钱那么有才华，别人却不知道，这就是修养。"我的理解是，这句话不是指"知道不知道"，而是指一个人的外显，是"发散的"还是"收敛的"！

一个人如果掌握了哲学的武器，就所向无敌了！

没有嫉妒就不是真爱！

又到温馨浪漫时！一年一度情人节！年年相似，岁岁不同！晒晒今年的情人节礼物----Bentley（宾利）级别的冬外套。不管怎样，我是一个算幸福的女人！感恩！知足！

中国古文化的博大精深，由此可见一斑！

＊　　　　　＊　　　　　＊

终于鼓足勇气，克服了心理障碍，晒晒这部个人写真集！人的一生，你必须接受，自然规律，没有人可以永垂不朽！生命就是一个过程，来去匆匆！有童真无邪，有青葱岁月，有夏花灿烂，有美人迟暮，有耄耋老朽……，珍惜生命的每一阶段，活出你的精彩，让生命之花盛开！

＊　　　　　＊　　　　　＊

甜总是伴随着苦，而苦却总是独味！

千回百转一个等，虔诚的浪漫，不离不弃，心的呼唤，加上微风荡漾的文字，甘甜的心灵，美的享受！好诗难得！细雨烟蒙中那淡淡的忧！

美好的东西一定会敲击你的心房，不能找忙的借口全怪客观，再不合时宜也值得你停留1-2秒吧！

张女士夸得我心花怒放了！殷老师是我童年时代天上的星晨，若能与殷老师合演一段，那真是三生有幸！可惜，我充其量就是一个业余水平！

此女只在帖中有！梦里才得几回寻！

*　　　　　*　　　　　*

美国的医院和诊所总是那么温馨，和暖！配有音乐和绘画艺术品！这是波士顿西郊的一个超声波和X光诊所！每年来这里2次，做定期乳检！每次都是温暖如春！美国的医院没有什么高干医院和高干病房之分，所有的百姓享受同等待遇！

昨天发的投票站的照片是在镇管会的办公楼，镇管会设在镇里的一座又老又旧的楼房里！所以投票站的地方看上去就不怎么样！在美国，各地的行政机关都在最不起眼的地方！而医院学校漂亮至极！我第一次访问我们镇的高中林肯高中时，曾经给了我极大的震撼！

*　　　　　*　　　　　*

这些名著你看了多少部？如果你有幸在青少年时代读到了它们，对你未来的人生的影响是深远的！

看朋友圈发的照片，那种大碗喝酒，大块吃肉的文化确实远离了我！这是北方文化！我来自南方，在深圳时，也不是这样的文化氛围，我讲的是不同，没有谁高谁低！虽同是中国人，差别蛮大的！

非常喜欢和佩服金星！经常看她主持的《金星秀》和《金星时间》！敢说敢干敢承担，快人快语快思维！当然她虽然变了性，但其思维能力、意志力、性格特征、反应速度、力量、体力等方面，多多少少都还保留着男性特征！

一个20世纪最大的美丽的童话悲剧！理解戴安娜也理解查尔斯，这是一个无解的结果，命运的错判，只能以悲剧收场！所以无论是皇族还是平民，婚姻必须与爱同行！戴安娜，一个无论从外表到内在都无可挑剔的美丽女人，在那场爱比死冷的"童话"婚姻里，她收获的只有破碎与绝望，然而她却用一颗天使之心修补了这个世界的残缺。"玫瑰"不凋，怜爱永生！

三八妇女节变成女人节了！与时俱进！

＊　　　　＊　　　　＊

对晓庆大姐我还是持有一些保留意见的！这与我佩服这位女强人不矛盾！比如，昨晚她说她进秦城监狱，她完全是无辜的，把自己作为一个公司法人的责任推得干干净净！那段时间我正好在深圳，晓庆大姐的公司在东莞，晓庆大姐被抓的消息人所皆知，当时媒体做了各种报道，我是行内人士，对企业的偷税漏税心知肚明，偷税漏税是中国企业的原罪，作为企业法人岂能无过？你只能说你不懂行，你不了解情况，你不能说你无辜，你没有责任！这是境界问题，还有她从不直面她的真实年龄，她的整容，这也是很多人垢病的！

又谈刘姥姥！昨天开始续看这本20年前买的书《从电影明星到亿万富姐儿》，书都发黄了又有什么关系！除了佩服还是佩服！一位真性情具有超前意思又发奋努力的女强人！她的抗争、无奈、钻营无一不打上了时代的烙印！她的潮起潮落，无一不印证着被时代潮流裹携前行的印记。她的成长史就是改革开放30几年来的宿影，她个人的命运也为这个悲催的时代增添了浓浓的笔墨！强女人又如何？你能挣脱掉时代的枷锁吗？----我以为我能行，我其实远远没有想象中那么坚强！也会受伤，也会泪湿衣襟……

＊　　　　＊　　　　＊

公众人物，不管你愿意不愿意，就是置身在显微镜之下了！

直面自己的短板，是需要勇气的！不是每个人都能做到！

看一篇动画电影的帖子《父亲与女儿》有感！一大早就让人泪奔！女儿终于在生命的终结之时见到了等了一辈子的父亲，生命就是这样一个圈，由始至终……！我父亲去世时，我才12岁！我一直认为他只是去了某个地方，他一定会回来，我做梦，经常在梦里见到他，也自己在脑海里编了不少故事，证明他还活着，他只是临时的离开了我们……，直到我很大了，成人之后，才相信他是真的永久的离开了我们……

浓缩的人生，弹指一瞬间！

*　　　　*　　　　*

与美国相比，欧洲的历史文化要悠久厚重得多！这是几千年的文化积累和文明沉淀下来的一种韵味！当那些古典建筑和老城已经让你熟视无睹了，你却依然对欧洲心心念念，乐此不疲时，这时你一定会发现，是留在你记忆深处那些名不见经传的细节让你深深地爱上了这片浪漫美好的土地！

*　　　　*　　　　*

曾经试图想做的事，努力了，也无怨无悔！

不管怎样，这是一段美好的邂逅，美好的情愫，永远珍藏在心底！两个完全八杆子都打不着的人，能互相吸引的话，那只能说明他们确有很多的相似之处！

震撼！惊呆！Amazing！不仅是中华文明也是世界文明的重大发现！

悲哀！皇上高尚也无奈，无可奈何花落去！

岁月匆匆，我们错过了多少沿途的风景！美，你见与不见，她就在那里！转身回眸时，只一瞥，便惊艳了时光！----为今天淘的欧货窃喜！意大利产的红酒水晶杯、希腊产的蓝釉镀24K金的咖啡杯碟和花瓶（每幅画不不同）、德国产的茶具！

咫尺之间，地狱天堂！两个人挣扎之后的选择！

清晨，美好的一天从目送女儿上校巴开始！寒冬已过，春天来临，万物复苏，生机一片！

真诚感谢几位几年如一日，每帖必点赞的粉丝们！谢谢你们坚持不懈、一如既往的支持、厚爱！

清雅脱俗，素面朝天，暗香扑鼻！

恋，苦苦地，润润地；不恋，空空地，涩涩地。问世间，爱是何味？情为何物？

这次拍卖，拍出了天价，只是一个偶然！----我非常的清醒，大家不要跟着做梦！

这就是美国的人文价值观，美国如此强大的精神支撑！爱将在你我之间、人与人之间、一代又一代的传承和发扬光大……

看人不能光看脸，男才女才代替男才女貌，国人的婚恋观已经过时了！两人里外都般配！所以要明白，查尔斯王子为什么最后选择了又老又丑的卡米拉，而抛弃了美如夏花的万人迷原配！

美国梦就是不管你的家庭背景如何，每个人都有机会翻盘！

这个帖子，在描述脸书创始人扎克伯格与他的华裔妻子普利希拉.陈在哈佛大学如何相识时，总结了一句话："所以一定要在大学里多参加聚会，一定要上厕所，一定要排队。"

在春的世界里，冰雪立刻融化，冬雪阻挡不了春的脚步，一个生机盎然的春天已经来临……

该电影曾经感动了多少年轻的心！重温却发现已与当今的社会格格不入了！

"人际中的交往，多数是缘于情感上的相互取暖，而非理智上的相互比拼。"----情感与道理确实是两驾马车，喜欢一个人或者不喜欢一个人，确实就是讲不出什么道理！

"哲学不是人人所能够学得的。没有哲学天才的人，便不配学哲学；如果他要勉强去学，就学一辈子，也得不到一点结果。哲学这项学问，只是少数人所能享的一种权利，是和艺术一样全要靠天才才能成功，与科学完全不同。"----同意这段话。哲学开启的是智慧之门！学哲学与学艺术一样是需要天赋的！这就是为什么有些很聪明的人，智商很高的人却把自己的人生弄得一团糟！

你讲的是实话！确实在很多方面女不如男！在西方文化的现代文明中，确实更有利于女性的全面发展和得到更多的社会尊重，而不会因为结婚、生孩、年龄等等因素打折扣！这是我们一致的共识！在美国一个女人离了几次婚，拖着几个孩子，要再结婚，找工作，非常的容易，过了40岁，想结婚，也非常的容易。想想在国内是一个什么样的状态？

　　我们最爱的人是给我们痛苦最多的人，这是一种难得的天生禀赋，一种张弛有度的高技巧能力，因为太多的甜蜜让人厌倦，太多的痛苦又引不起兴趣，能使我们保持在这个欲罢不能的痛点上的人，我们会爱他很久。

　　"我们最爱的人同时也是给予我们快乐最多的人，所以你想一直快乐下去，只是一不小心就变成了痛苦！"

　　深情与思念，眷恋与无奈，离愁与别绪，依依款款，柔肠寸断……

　　诗如其人，极具才华，大气磅礴，性情中人！首首好诗！

　　素雅、古朴、宁静、厚重……，惊艳了谁的时光？

　　经典的就是不朽！不朽的就是经典！

　　神马都是浮云！在他手上能变1.75亿，在你手上就变不了！

　　欢快、活泼、开心、阳光灿烂！充满生命的活力与张力……

＊　　　　＊　　　　＊

　　分享一封女儿中学的校长写给我们父母的信！我也热泪莹眶！无论是从女儿的学前班（1岁半开始）、小学到现在初中，我对学校和她老师的所有感受，只能用三个字来概括：爱与责任！女儿幼小的心灵里早早的就种下了爱，并将这爱一代一代的传承并发扬光大！这才是美国强大的终极原因！

Jeffrey and Xia,

I just wanted to reach out to you both to let you know how thrilled I was that Carolyn and her friend, Erin, have gone "above and beyond" in making a tile for me with their art teachers.　Mrs. Dar let me know that they were doing this and yesterday they presented the tile to me in front of the entire staff.　I was touched, and believe I was successful in holding back my tears.　How nice that I was allowed to "leave my mark" at Curtis too.

There are lots of things that I will miss after I leave Curtis at the end of June. I have so many fantastic memories of my time here. This is one of the important ones.

You must be so proud of Carolyn.

My best,

Stephen

Stephen Lambert
Principal, Ephraim Curtis Middle School

女儿与她同学两人，为她们初中学校要离职的校长做的陶瓷工艺品！这件作品的重要意义，就是把这位要离职校长的印记（上面是他的名子）留在了学校！"leave my mark" at Curtis too. 所以今天我们收到了两封电邮，一封来自校长，一封来自她的艺术课老师！

       *   *   *

心不被束缚，自由随性，感恩一切的美好！周三愉快！

鱼和水的爱情，鸟和树的爱情，蝴蝶与花朵的爱情，河流与桥梁的爱情，山与水的爱情，天空与云的爱情。天空与云的爱情最悲哀！

享受和利用孤独，在孤独的时候积蓄能量，在不孤独的时候爆发和绽放！

雨，岂止是一种优雅……，似水如禅。水中，有禅味……

       *   *   *

波士顿哈佛大学自然历史博物馆的矿物标本室。这是世界上最大最多最好的矿物标本室之一！太令人惊叹了！

波士顿哈佛大学自然历史博物馆正在展出100年前人工制造的玻璃花（1886-1936期间），如不是亲眼所见，你相信这些花是玻璃料质人工做的吗？有80年-130年的历史！都是古董了，保护得多么好！制作于德国候士威！

*　　　*　　　*

好帖！浓缩和涵盖了民族文化的精髓！爱我浓浓的中华文化！

转发群友照片。人生就象这张照片，完全视乎你的角度和视野。本是山穷水尽，水中捞月！倒过来就是柳暗花明，海阔天空！

疑似一夜春风来，夏已挂满了枝头。

加拿大魁北克的Montmorency Falls！美不胜收，惊涛骇浪，卷起千堆雪！魁北克市最美丽、最自然生态的小岛！芳草萋萋，鲜花盛开！

老爷车与车模！今天我找的这份工作还算称职吧！也是难忘的一天，别样的生日记忆！给大家开玩笑的！我只是在老爷车前留个影罢了！有人说我穿得太多了！

那山，那水，那人！ 别样的风采，难忘的回忆！静静绽放的生命，定格在余生中最年轻的一刻……

"路漫漫其远修兮，吾将上下而求索"——穿越二千多年，依然悲怆的呼喊声……

静观世变，感知人生，洗涤凡尘，宁静的夜，与你相伴……

她赢得了金键按钮，全场起立、掌声雷动、金片飞舞！直接进入准决赛！

*　　　*　　　*

这朵奇美的花儿，终于在院子里绽放了！可贺可喜！求中文名？一年前种的，我把标签丢了，我会再去店里找到英文名，再翻译成中文吧！因为这种花很特别，吸引了我！我种了4棵，就这一颗长势不错！而且几经波折！这是第二朵，第一朵开出的只是粉红色，这一朵中间有黑色，为什么同一棵草会开出不同的花？哈哈，难怪呀！毒品花，才那么妖艳和吸引人！所以只能看不能吃，如同妖艳的女子！

*　　　*　　　*

如果这辈子你寻得和拥有了真爱，你将是一位多么幸运和富有的人！

爱是永恒的主题，无论何时倾听都会令人动容……

性与爱！灵与肉！当代社会的确"真爱"渐行渐远了，快餐文化的影响是全方位的，如果连"永恒的主题"都不再永恒的话，人类的精神世界还剩下了什么！

为77级、78级喝彩！从作品中看出了厚重的历史印记，这特殊的一代人，天赋+基本功+个性+创造性+时代特色=……

* * *

晚7：30-11：30在哈佛桑德斯（Sanders）剧场看美国常春藤盟校2016年春节联欢晚会！第一次去看由高校学生组织的大型演出！实话讲，节目本身还是不错的！但组织的有些松散，过长，近4个小时！节目主持人一般吧，没有什么特别出彩的！最要命的是，不堪忍受这帮国内来的高才生年轻人，又漂亮又潇洒，在我的前后左右，傍若无人，大声讲话！我提醒他们后，还是无用！回想起，当看我女儿初中学生的演出，家长们都是哑雀无声！两相对照，真是无语！公德缺失，公共意识缺失，学富五车又有何用？

* * *

一并回答：从第二点谈起，我对我老公100%放心，从不查他任何电邮、手机、他的信件从不开封，因为我相信他是一个纯粹的人！不打任何折扣！第三点，生活习惯，吃是个问题，但不是最大的问题！中西不仅是文化、观念差别，饮食习惯，味觉比观念顽固多了，到现在还困惑我。当然我学会了做很多美国菜，是为他们，也做中国菜，是为自己！饮食是可以中庸，可以调和的！但一直自做自赏，不能共鸣，有些欠缺！第四点，我的法制观念是与身俱来的！14，15年前我们也做了财产公证！因为这对双方都是一个保障！折成美元后，当然他的财产比我多，但你与人家结婚，并不是去分人家的钱，我不理解为什么一些要嫁美国人的中国未婚妻不愿意做婚前财产公证！

* * *

微拍创新！
1，作为对主会场的补充，从生意的角度看，可行！
2，作为群主和主持人，其表现可圈可点！

3，拍品都没有问题；

4，在一场大付出大投入的运作中，你的目的性一定要明确，商业性？社会性？

5，从学习的角度，古玩的性质更适合温水炖蛙；

6，古玩收藏自古至至今从来就是一个小众文化；

7，太晚，你应该休息了！

以上几点共参考！

2016年美国总统初选大战，今天打响！这是今天我们镇投票站情景！今年的选情会吸引更多的民众参与，投票率会创新高！希望群内有投票资格的华人涌越参加投票！

＊　　　＊　　　＊

微信是通俗文学，是时尚快餐，但却能将最前沿的信息，以最快的速度传递给你。没有它，你就是一个落伍者！换句话说，你就是一个只知埋头拉车，不知抬头看路的人！微信将给人们的生活，思维方式带来极大的改变！

图23：2015年5月，摄于美国波士顿北边有名的瓦尔登湖（Walden Pond）。

关于波士顿千人《黄河大合唱》

图24：作者波士顿千人《黄河大合唱》演出结束后在波士顿大学体育馆。

作者作为2015年10月波士顿千人《黄河大合唱》组委会成员之一和《黄河合唱微信群》群主，下面是部份工作记录：

群内的各位商家：这次黄河大合唱影响面极为广泛，其深度和广度是前所未有的，至少有10万人以上的人流量！也是各位商家展示自己风采的良机，千载难逢！大家走到一起，合作互赢！共享成功！

今天去了Janice家，谈得还不错！她很高兴也很配合，说想为她的父亲做点事来纪念她的父亲！她同意媒体分享她的旧照片，也同意记者上门采访，她本来是9月份才有空，但我考虑到我们的宣传工作越早越有利，所以把她8月份的时间挤了一上午出来，帮你们约的时间是8/26，星期三上午10：30。我问她是否愿意在6500人的大场地演讲，她说她愿意，当然不过很遗憾，她儿子的婚礼在同一个晚上，因为都订好了，很难改动！她建议用录像代替！她的父亲叫Herbert Corkin，是陈纳德和Anna（陈香梅）身前最好的朋友，军衔不清楚，访问过中国很多次次，1983

年去中国，受到邓小平接见！随手照了几张照片！请你们尽量把8/26号星期三上午空出来！否则她的下一个访问日将是9月16号！谢谢！

转发我团团员胡克举女士的高见：建议他们着重从两个大的方面宣传："不忘悲惨历史，保卫世界和平"，这是一个方面，另一个方面，就是演出的"艺术性"和"可观赏性"。 希望组委会认真听取和采纳群众的意见！克举讲的字字闪光，我从来都认为伟大来自平凡！给克举大赞！

我团在短短的一周内，卖票已取得了很大成绩，感谢各位新老团员涌跃认领，积极支持！希望其他团员也能积极主动动员亲朋好友参与、观看十年一遇的华人圈的大型演出活动！实际上，我们这次大型演出，上半场是来自广东的艺术团体表演，下半场才是黄河大合唱大型演出，请了2位在美国知名度很高的男高男中担任独唱嘉宾，还有200多人的美国合唱团加盟，是一场由华人主持，老美加盟的华人与老美的联合演唱会！说实在话，票价$20是很值的！

*　　　　*　　　　*

生活中如果缺乏了这些传奇和佐料，那也就缺乏一番风趣！原来黄河大合唱的票还能这样卖！女儿矫牙，认识了来自台湾的牙医陈医生，半年见过三次面，不算熟。想到我们黄河大合唱演出的售票任务，想到陈医生是中国人，就把广告带在身上，没想到机会来了！陈医生一见我就开始发牢骚："我老了呀，不中用了！"，我立马接话："你说你老了，那我都不要活了！" 他说"不会吧，我比你老多了"，我说："那我们打赌吧！如果我比你老，你买5张黄河VIP票如何？"他说："小点行不行？"（看得出他有点儿信心不足）我说："好，3张普票！看驾照！一言为定！" 他说："好，一言为定！肯定我赢！" 哈哈哈！要知道结果吗？当然是我赢了！他说"我就比你小3岁"，"小一天也是小哇！" 哈哈哈，今天我赌赢了！成功的推出了3张票！没想到黄河的票还能这样卖！谢谢陈医生！原来精神年轻不仅时不时的会给生活添彩，有时还能带来实惠呀！

*   *   *

探访和采访前飞虎队重量级队员Herbert Corkin 先生的女儿Janice 女士！昨天8/26上午我们一行8人，按约准时来到美国女雕塑家、画家Janice 女士的家探访和采访她父亲二战期间加入飞虎队来到中国，帮助中国人民赢得抗战胜利的英勇事迹！她的父亲是陈纳德将军的部下，飞虎队重量级队员，也是陈香梅女士的生前好友，1983年访问中国，得到邓小平主席的亲切接见！她保留着父亲留下来的大量珍贵历史照片和文件！为今年举行的抗战胜利70周年的大庆活动提供了极为难得的素材！黄河大合唱演出总指挥乔万钧先生、国务院侨办哈佛访问学者张梅女士、组委会张森林先生、侨报波士顿负责人董英女士、世界日报记者董国梁先生、美国中文电视台李州女士、侨报记者王昊先生均到现场进行了慰问和采访！由于Janice 女士是我女儿的美术私教，所以我义不容辞的成为了这次采访活动的组织者和协调人！采访结束后，Janice还为大家准备了丰盛的下午茶，品尝了她亲手制作的萍果排，由于味道极佳，被大家一扫而光！当然我也为这次采访忙了3天，功劳大大的有！

*   *   *

请各位关心黄河大合唱演出的群友，帮助我们将上面的黄河大合唱大型演出中英文售票海报，在各自的朋友圈，微信大群转发！可将英文海报发在各自的face book 上！可将中英文海报打印张贴在各位群友生活、工作附近的中国超市、餐馆和人流多的场所（务必与对方打招乎，得到允许）！更多更快的传播我们黄河大演出信息，得到波士顿地区更多的观众支持！坚信大家每人努力一小点，众人捧柴火焰高！我们的黄河大演出一定会取得成功！

关于"五味杂陈群"

群规：（作者是该群群主）

本群是以娱乐休闲为主的聊天群，没有单一主题，大家可以畅所欲言，随意发挥！随便聊，随性晒，随意吹！这里有不少的艺术家、科学家、画家、收藏家、企业家、医生、摄影家、作家、诗人……，欢迎各位展示自己的作品、专利，交流心得体会！发广告卖货的群友需发¥10以上的红包后，也可以随便卖，以跟紧时代！感谢微信，让天南地北的朋友们在这里相会！但提示各位群友可能存在法律风险的情形：发布负面政治内容，传播黄赌毒，传播卖淫，传播犯罪手法，侵犯他人合法权益。如出现上述情况，本群主也负有监管责任！

谢谢大家！欢迎各位！

群是什么？

群是一个家，是知识的海洋，是成长的学堂，更是心灵的港湾，事业的平台，休闲，开心的驿站，大家时常的相互祝福，偶尔有不同观点的争论，探讨着事业的梦想话题，交流着心得体会，几句言辞，几多问候，代表着群友间真诚友谊，天高，路远，对群友的牵挂是永久的慰藉，我们来自五湖四海，四面八方，为了一个共同的理想及目标让我们走到一起，相识在一个群里，更是中国模式，把我们聚集在一起，群友们珍惜缘分，珍惜情感，感恩传递佳音的朋友，感恩身边无私奉献的朋友，感恩有你，财富不是一辈子的朋友，朋友确是一辈子的财富，缘来是你，友你真好

本群尽量给群友提供一个宽松的环境，没有太多的具体要求，考虑到我们是一个成人的世界，大家都有能力约束自己的言行，大家都有权力发表各自的个人见解，改造和说服别人是一个长期艰巨的过程，那能三言二语就完成？所以希望群友们语言

文明、干净！言行确实能反映出一个人的个人素养，尤其在一个陌生人的世界！你对待别人的态度、你的宽容、你的爱……，大家都是来自五湖四海，有缘在这里相会，懂得珍惜，懂得遵重彼此，让世界更温暖更美好，从我做起！谢谢大家！

　　各位！本群决不会怂恿语言不文明和恶意相向的群友，对各黄牌警告一次！若下次再发生不文明的言论，直接出群！同时谢谢其他各位群友对维护本群的良好语言环境，尽心尽力！谢谢大家！

　　图25：（上左图）摄于2016年5月，波士顿市中心的公共花园（Public Garden）；（上右图）2016年7月，与友人在波士顿市中心的查尔斯河上轻舟荡桨！；（下图）2016年4月，与友人在波士顿的Bluehill游玩。

图26：2009年1月，作者与圣安东尼奥新年晚会上，参演舞蹈《孔雀舞》。

图27：（左图）2016年4月，作者与好友们在波士顿的Bluehill 做瑜珈。
（右图）2016年7月，作者与好友们在波士顿中国城唐人街。

图28：宋代搅胎水盂 （左）和清代出口广彩描金折扇（右）。

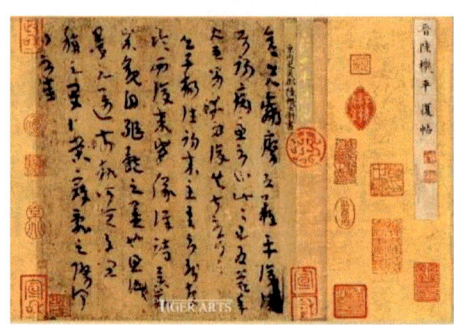

图29：作者微信上收集的世界顶级艺术品：（上左）西晋陆机《平复帖》；（上右）莫奈的油画《日出》；（中左）梵高的油画《向日葵》；（中央）中国京剧脸谱；（中右）清代乾隆粉彩描金鹿耳尊；（下左）中国少数民族银头饰；（下右）南宋李嵩《花篮图页》。

第四部　杂　文

- ➢ 旅游及杂文
- ➢ 社会政治评论
- ➢ 金融理财的文章
- ➢ QQ日记
- ➢ 小翻译

出发总是美丽的!

时光的深处,明媚忧伤,浅浅收藏,淡淡思量,唯美了一段静谧时光!

赏一场春花,看一季落红,珍藏一份懂得。旅途匆匆,只是一场得失兼容的路过,放逐一份心情,还灵魂一份洒脱,让生命一路欢歌。

不要走在我后面,因为我可能不会引路;不要走在我前面,因为我可能不会跟随;请走在我的身边,做我的朋友。

风不懂云的漂泊,天不懂雨的落魄,眼不懂泪的懦弱,孤独是我们的必修课。

世间最珍贵的不是"得不到"和"已失去",而是现在能把握的幸福。

出发总是美丽的,无论是在一个阳光明媚的清晨,还是一个落霞满地的黄昏!

------摘自微信公众帖并修改压缩

写于2015年10月

图30:2014年8月,先生与女儿在美国缅因州Oganquit海边(左);2014年8月,在美国沃蒙特州Smugglers Notch渡假村。

旅遊及杂文

瑞士风光-----欧洲游散记

一踏入瑞士境内，清新的气息便扑面而来。一幅幅赏心悦目的画面，尽收眼底。那远山、那近水，美丽逼人；湖光山色，令人叫绝。

云雾缭绕之中，勃朗峰及大小不同，形态各异的雪峰，若隐若现，若即若离仿佛置身人间仙境，人入画中。被周围景色惊呆了的游客们，在短暂的沉寂之后，暴发了阵阵的欢呼声。在一阵阵雀跃声、快门声过后，大家又进入了静静的欣赏、品味之中。

形状各异、风格回同的欧罗巴式建筑，错落有致地散布于青山绿水之间，仿佛天然的建筑博物馆，冥冥中展示着能工巧匠们的艺术魅力。一栋栋别墅的房前屋后，鲜花盛开，芳草萋萋。除了公路，便是绿茵茵的草地，这儿的绿化率是全球最高的。因此，沿途你几乎看不到裸露的土地，公路也是柏油的。远处若隐若现的雪峰，绵延不绝的青山，近处层层迭迭的草地，波光粼粼的湖水，亭亭玉立的屋群和眼前神彩飞扬的牛群、神闲气定的羊群，构成了瑞士特有的风格美。这特有的美，如此的令人心旷神怡！

人们在欣赏之余，不禁从内心深处涌出阵阵喝彩！为大自然的天生丽质，为人类智慧的巧夺天工，为它们完美而神奇的结合，而感叹！而自豪！

我们的大巴，在这亦步亦景中，走走停停，流涟往返。不知不觉，从琉森到洛桑，从洛桑到日内瓦，从南到北，走完了花园般的国家-----瑞士的全程。

瑞士，美伦美唤的土地！人类和自然和谐的极至！我将把对你深深的眷恋，带回到遥远的东方。

我会再回来的！

（写于2000年11月中国深圳，改于2015年10月美国波士顿）

回　国(1)

精疲力竭，精疲力竭，漫漫归途歇……
已是残阳，却似火，身如铁！

回国十天，老公女儿屋整乱，
而今迈步又要从头越！
---还让我歇不歇！

回　国(2)

精疲力竭，精疲力竭，漫漫归途歇……
已是残阳，却似火，身如铁！

身如铁，才能往来如梭似穿越，
两个世界两重天地，
恍如隔世，恍如梦魇……

深圳的五月，
天天雷雨，天天潮湿，
人流如织，车马不歇，
个个流汗，人人补血！

波士顿，今年的五月未飞雪，
天天阳光，天天春意，
鲜花盛开，美景迎客，
家家出游，个个润泽！

让心放松，好过补血！
即感即发，别扯什么爱国不爱国！

回　国（3）

这次回国，蹊里咕里，
首先机票不得力，
为保安全准时登机，只好夜宿机场里；

还好各项事宜，达到预期，
重要一起，是家人团聚，
为母确定了未来栖息地，
甚为安逸！

接待同学，马不停蹄
开心加忧郁
两宿两晚，
硬是半夜过后才休息，
同学情，手足义，要珍惜！

离开之际，很想歇息，
又遇母体有疾，
夜宿医院当护理，一夜未息；
还好无大疾，总算心石落了地，
按时返美，实在称奇！

离开当天，好友联系，中午一定要聚集，
身心疲惫，也得顾及，却遇电梯维系，
十楼爬上，十楼奔下，只为一盒巧克力；

AA航空，取消航班，就象儿戏，

客人无奈，只能叹息，
等到八点，来了运气，
总算是人先行了，行李在原地，
还好第二天，行李也已到家里；

老公不老，却忘记泊车在那里，
攀上爬下，仍在原地，
聪慧女儿，快满十一，
全靠她来把路记，
领我们出了盘旋地；
生的世界，就是这第，
新桃必把旧符替！

-----这次回国，就象一曲曲戏，
身心疲惫，歇息在归期！

写于2014年7月

2014夏天旅游散记

（一）----Oganquit Maine

这的确是一个值得推荐的旅游的地方。神奇的海湾一边（朝阳）是柔软细沙的十里银滩，一边（背阳）是棘刺嶙嶙的岩石海景，它们共生一处，遥相呼应，相互守望！最值得推荐的是4-5英里的海景步行道，亦步亦景，让你把大海看足了。小城也很有特色，到处鲜花盛开，美丽芬芳，清新怡人！各种餐馆几百家，人气很望，每次吃饭都要排队。城里游客一半来自加拿大魁北克，到处是讲法语的人，少有亚洲面孔，离我们的家所在地方的95号高速往北边开车1小时45分钟，跨两个州，十分方便，以后可常来度周末。

（二）----Smugglers Notch Vermont

昨天开了4个多小时的车到了美国最北边的大山区Vermont州Smugglers Notch渡假村，靠近伯灵顿大湖区，这里冬天是滑雪圣地，夏天是夏令营。周围高山环绕，大树参天，溪流蜿蜒，泉水叮咚，犹如天然氧吧！有4个水上娱乐中心，最大的水上娱乐中心共有五层不同风格式的水上建筑，让来渡假的孩子们，大人们过足了水瘾！真是一个山谷里的村庄！山谷里的不夜城！

（三）----Water's Edge Beach in Westbrook CT

在康州有家超值的5星度假酒店Water's Edg，拥有绝佳的位置和风景且豪华，气派，实用；酒店的后院宽广辽阔，阳光妩媚，听海临风，实为不可多得的度假胜地。吃惊的是酒店的牌子竟然如此之小，还被鲜花掩盖，费了好大劲才找到。

没想到美国东部竟有这么多度假的地方。美东北部的夏天，不冷不热，气候适宜，阳光普照！而德州的夏天非常炎热，沙滩的沙粗不细，就没有这么多度假的地方了！

（四）----Lake George, NY

　　纽约州的Lake George湖区，共有200多个小岛，风景可与中国的千岛湖媲美。沿湖各处几乎都被美国的各大公司，小公司，股东，私人个体等开发为旅游度假村，所以沿岸的风景也千姿百态，美不胜收！这里的湖面风平浪静，阳光和煦，你可以天天一叶小舟荡漾在湖面上。茶岛度假村给我们准备了各种小船：Kayak, Canoe, paddle boat, Row boat等等，让喜欢玩水和划船的客人嗨翻了，过足了船瘾！

　　旅游结束了，旅游的季节结束了，暑期也结束了，女儿的初中要开学了！ 再见，Oganquit, Smugglers Notch, Westbrook and Lake George！再见，2014年的夏天！

写于2014年8月

六十岁的辉煌

　　六十岁正是人生谢幕的时候，而有人却象一颗新星，冉冉升起！

　　必须明白，无论是在那个行业，金融业，服务业，还是在艺术品投资收藏业，潜心耕耘多年的话，在六十岁之时，一定会进入人生的辉煌期。人的求知欲，这种伴随着人一生的追求，它最终能使人获得终极的成功。

　　一个成功的人，不管他在人生的那一个阶段获得成功，他必须要有前瞻十年的独到眼光。

　　笑到最后的人，总是笑得最好！

写于2009年4月 美国德州圣安东尼奥市

五月雪

与沈同学合写

冬天不见雪，5月雪纷飞！
是雪背叛了冬，还是冬辜负了雪？
你本是冬的伴侣，却做了春的小三！
你本是冬的骄傲，却成就了春的特色！
该赞美你热情奔放，还是指责你水性杨花？
你若与冬同行，或许会更幸福，
因为冬会用它的体温延长你美丽的生命！
春，尽管让你漫天飞舞，
却会被即刻融化……
连雪都移情别恋，
人生岂能不精彩！

写于2014年5月

夸同学

夸夸剑英：
私企老板，真不简单，
除了赚钱，还做文章，
放飞心灵，雅俗共赏！
夸夸杰祥：
狱长狱长，很有思想，
修炼艺术，手留鱼香，
自我超越，值得提倡！
---你们都是我的榜样，
有何不快，只须一掌，
统统拍在山崖上！

写于2014年5月

清代通草画《清宫皇室组图 》及《鱼》赏析

这套《清宫皇室组图》共12幅，册页，尺幅巨大，长34厘米，宽22厘米，题材稀有，画工极精，品相优良。是当时在广州通商的洋人为了对清代皇室及官员编制来认知而特殊订购的，描绘了清朝皇帝、皇后、一品文官大臣、将领、官员夫人等十二幅人物坐像。其中最具亮点的清帝与皇后像，均身著朝服，背景分别绘神龙见首与凤穿祥云纹饰，以彰显皇室尊贵，这为当时的西洋人提供了满清皇室的形象参考。像这样画工极精良的皇室题材作品，在国内外都极其罕见。不仅如此，这套通草画从尺幅之大也可谓通草纸中之最，由于通草片大小取决于通脱木精髓的长短与直径大小，以及工匠技艺，大部分尺寸较小，此类精品当时都流向海外，国内十分稀缺，由此，这套清宫皇室组图十分值得收藏。

这套《鱼》通草画共7幅，盒装，小尺幅，长11厘米，宽7.5厘米，题材极为稀有，画工极精，由当时负有盛名的广州十三行出品。广州作为中国最早的通商口岸，为了向 西方更好的介绍中国文化，百姓生活，人情世故等等，十三行的工匠们发现了在一种通草纸上做画，成本低而且颜色经久不衰。所以当时各种题材的通草画盛行，起到了中西方交流的明信片的作用。此类作品当时都流向海外，国内十分稀缺。这套《鱼》题材的通草画是我收藏通草画四年来第一次遇到，题材十分罕见，画工极优，呈现了十三种鱼类，栩栩如生，十分值得收藏。

通草画是指绘制在一种叫通脱木芯制作的纸上的水彩画。有丝绒的质感，色泽艳丽经久不脱。由于采用西方绘画原理，又使用水彩原料和反映中国本土风情，所以通草画既有西方油画的真实浪漫，又有东方国画的秀美写意，将东西方风格巧妙的融为一体，对研究中国早期的西画发展有重要意义。19世纪末由于摄影技术兴起，这一风靡百多年的艺术终于退出历史。由于该技术已失传了100多年，通草纸又极难保存，目前传世不多，近年来它的市场价格逐渐上升。本人在过去几年里对通草画产生了极大兴趣，倾心倾力地收藏了各种题材，有些是极其难得的珍品，愿与大家共同分享。

写于2014年6月

*　　　　　*　　　　　*

《木瓜诗》赏析

其中的一幅老画《木瓜图》是我两天前偶遇得来的。经初步考证出自明末清初著名艺僧东皋（1639-1696）之手，距今约350多年了。也注意到这首人所皆知的名诗《木瓜诗》的最早出去，可能不是来自扬州八怪之一的边寿民（1684-1752），而是东渡日本的与边寿民同为浙江老乡的僧人---东皋！

现将两人的诗下附，请注意它们的细小差别：

"木瓜，以金陵之棲霞山生者为佳。其形，圆大坚好，肤理泽蜡，无冻梨斑及虫口齿蚀状，故久而愈香，得一二枚，便足了大冬事矣" ---东皋

"木瓜，以金陵之棲霞山者为佳。圆大坚好，肤理泽蜡，无冻梨斑及虫口齿蚀状，故久而愈香，得一二枚，便足了一冬事矣" ---边寿民

显然从文法和词理上，东皋比边寿民更胜一筹！

写于2014年11月

纪念我的父亲

　　我的父亲是亿万个普通中国人中的一个！他是个水利工程师。刚收到我大哥发来的图片，这是他60年代负责设计和建设施工的当年的县城长江堤坝，40-50年过去了，依然屹立，依然伟大，依然造福于当地百姓！然而他却英年早逝，1971年瘁，时年41岁。触景生情，睹物思人，人不在了，作品永生！

　　如此平凡，如此普通，如此的微不足道，然而多年以后，我仍为他骄傲！

＊　　　　＊　　　　＊

念 父

大坝仍屹立，
斯人早随风，
孤坟独望！
一点相思，
几许凄凉，
怅！怅！怅！

写于2014年10月

冬日絮语

新年伊始，雪，又是雪，满天飞舞，漂漂洒洒，落地无声！地，又是一地，旧雪未除，新雪又至！天，又是一天，停工停课，陪伴炉火！好一派北国之风光，好一个银装之素裹的世界！

在寒冷的冬天里，坐在暖和的屋内，围在火炉边，打打毛线，看看电视，喝喝热茶，闻闻幽香，也是一个爽啊！感谢冰火两重天，给生活增添了别样的体验！岁月静好，花落无声！

心浮气躁的人又岂能听见雪声？《听雪》真是一篇无可挑剔的好文加好景！好的东西总能愉悦人，从内心涌来！若无朗读，或只配乐，用心默念，此时更是无声胜有声！

飞雪迎春到，瑞雪兆丰年！今天大雪，已是半尺厚，今天大家注定了在家刷屏！

早晨7:56，雪灾之后的小区，天地一片，白茫茫；天地一片，苍茫茫！

我家前门大门口凉台，雪深已是27英寸，封了1/3个门！好像雪停了，家门口的米尺也要淹了！这可是36英寸的米尺呀！今晨又创出入冬以来的次低温，摄氏零下19度！铲雪车和铲雪工人正在辛苦的忙碌着！这些清理工人如此敬业，冒着严寒，冷风，昨天就把所有的出口都清理出来了！感谢他们的辛劳付出！

没记错的话，这应该是今年的第四场大雪了，看看周围的林海雪原，波士顿真的被雪埋了！

今晨温度又创一个摄氏零下20度，车道都是冰道，真正的冰天雪地！好在我的车有防滑装置，冰雪天帮大忙了！

今天是一个阳光灿烂的日子！湛蓝的天和冰雪之地总是不期而遇，交相辉映，不愧冬日奇观！天是湛蓝湛蓝的，地是雪白雪白的，路是冰冻冰冻的，道是干滑干滑的，人是小心翼翼的！

在波士顿地区，今年以来的第五场大雪中，终于勇敢了一回，全副武装地出门，拍下了一些珍贵的镜头，终于体会到了什么是狂风卷起千堆雪！我们小区的牌子只剩下小半个脸，半睁半闭地在茫茫雪海中不知所错；小区的门灯也淹到了脖子，在狂风中挣扎求存；我家后院的桌椅也不见了踪影，完全被埋在了雪堆里；我家的门花成了真正的雪绒花，希望这是最后的疯狂！

写于2015年冬日

图31：2015年2月，在美国波士顿大雪中的西郊雪景。

花该属于土地，却种在了盆里

七月，收到了小区管理的通知，同时附了一篇小区管理条例，细阅才知有规定房东不能在小区门前、院后随意种花，并规定了罚款期限！想到要与我朝夕相处的花儿草儿告别，总有几分不舍。张罗着给花儿门找寻各自的去处，送朋友、扔掉，一番忙碌之后，一个周末就把我2年来的心血磨平了！真是别有一番滋味在心头哇！然而一棵正枝繁叶茂、含苞欲放的蜀葵，也叫棋盘花，让我心生怜悯，难以割舍，思量之后，决定把根留住。便连夜花了$35，买了一个大花盆，随即移栽其中！

日子一天天的过去，叶也长，花也开，但旺势大减了！是啊，花该属于土地，只有土地母亲才能供给无尽的营养，让她滋润丰盈！于是我想要帮帮她，让规定见鬼去吧！移回来，回归土地。第二天顶着烈日，花了半个多小时，从盆里摆回到了地里。想着我的花儿得救了，一阵开心！回屋后，细思量，静静想，开始不安了！邻居看见了怎么办？管理公司看见了怎么办？想到小区有规定，说不定什么时候打开邮箱，一张罚单就在其中，甚至诉讼单都有可能，明知故犯呀！于是乎，又心神不定，坐卧不安起来，为了花，这是何苦？再摆回到盆里吧，晚上睡觉也安心呀！想到这里我立马出门，把刚刚落地的花又移回到花盆里。两起两落，可怜的花，已被我折腾得淹淹一息了！

花在盆中的时候，我忧虑花的命运，心酸但心安！花在地上的时候，我担心小区的规定，心甘但心不安。除了纠结，还是纠结！然而，最终我选择了心安！因为关乎到了自己的命运！

秋天已到，严冬即将来临！隐隐约约的看到：我的蜀葵花将一天天枯萎、变色、凋零！我可怜的芳容独具的蜀葵花，我真的无能为力给予你鲜活的生命！

写于2015年8月21日

社会政治评论

中国的社会与良心

以前的中国，男子讲"忠义"，女子讲"贞节"。至少一个有义、有节、清正廉明的人会被社会广泛的遵重。许多脍治人口的故事流传至今。但当今，一个诚实、善良、正直、讲道义并不为三斗米折腰的人，已越来越少，也越来越不被人欣赏和受社会的尊重了。向钱看、无廉耻、不择手段、不顾人格而成就了所谓大事的人，却成为榜样，被人顶礼膜拜。如此下去，人类的道德、良心不走向全面的毁灭，还能怎样？

古时，繁荣昌盛的社会，如汉唐盛世，称为"德治"；清朝虽腐败、无能，为后人所不耻，也持续了三百年。

中国将如何走下去？靠什么来支撑？是那些一部分尚未萌灭的人类良心！

当今的中国看来经济繁荣、发展迅速；有丰功、有伟绩；这正是那些社会的、部分的忠实者们的良心，在默默付出后的回报。他们的良心正在支撑着中国的社会向前。这些善良的心，无论在政府高层、还是普通百姓层、不同的领域、不同的层面都有这样一群精英在做着无私的奉献，以维护某些基本的社会功能正常运转。

遗憾的是，这个社会的各阶层、各地方、各部门、各组织，任何有人群的地方，正与邪、善与恶时时都在恶斗。正与邪、善与恶的胜率，决定了社会的阴暗与光明的比例。什么时候人类良心的全面溃退之日，将是大厦的倾倒之时。

一个社会不诚实的人多、撒谎的人多，一定不是一个正常、健全的社会。

一个没有道德的社会是没有前途的，无论你眼前见到的是多么的光辉灿烂。

写于2002年10月美国德州圣安东尼奥市，改于2009年4月 美国波士顿市

*　　*　　*

这是好消息！

今天从国内电视新闻上看到两则好消息！一则是国内的户籍制度改革，一则是建立大中小学足球联赛制。户籍制度改革，取消农业户口和非农业户口，此举的意义不亚于美国1862年"解放黑奴"。农民阶层终于从身上揭下了不平等的标签！五千多万的留守儿童和孤寡老人有望与他们的父母子女团聚，广大的农民工和他们的家庭能在他们作贡献的城市享受到同等福利，这对中华民族来说是一个多么大的福祉！可以预见未来10-20年，中国人口的素质会有一个根本性的改观！

建立大中小学足球联赛制，既可提高国民的身体素质，又可燃起国人对中国队能进世界杯的期望！好举措，赞一个！

愿能出台更多的惠及民生的政策！是啊，有破又有立，支持新政！

写于2014年7月30日

*　　*　　*

关于中国社会政治体制的思考
------《毛泽东前秘书李锐采访录》读后感

读了在搜狐网站上《21世纪环球报道》的记者对毛泽东前秘书李锐的《采访录》后，感慨很多！李锐的观点道出中国社会现

体制的实质性问题。现今社会一切之不公正之现象；直指一些不可回避了问题。

下面摘录部分采访记录：

《21世纪环球报道》（以下简称《环报》）：----邓小平于1980年作了《党和国家领导体制改革》的报告，并指出"我们所有的改革最终能不能成功，还是决定于政治体制改革"。但讲话被人所阻，这人是谁？

李锐：胡乔木。他坚持左的立场，趁机做文章。

《环报》：你提出领导干部不能在党、政、人大、政协轮流转。

李锐：这意味着领导干部没有完全退，把人大、政协变成很次要的岗位。只有党的岗位才是唯一的，最高的。

《环报》：你对现在各省是书记兼任人大主任怎么看李锐：如果为一把手说了算更方便那就不好了将来还是要用选举的办法来解决。现在我们的干部还是任命制，由上而下的决定制并不是真正的选举制。党内也好，人大也好，各级政权班子应该实行真正的选举制，这可以从基层开始。

《环报》：你建议十七大以后，政治局委员，部委和总书记都在党代会上竞选产生，，有可能吗？

李锐：如果真正按宪法办事，当然有希望。

《环报》：关于司法独立，目前议论较多，党委直接干预公检法的很多。你怎么看？

李锐：政法委是党内机关。党的政法委书记统管国家公检法执法机关，同依法治国的方针相抵触，是不合理的，等于党直接干预司法。所以讲来讲去，根本的问题还是在党。这个不改善，一切无从谈起。

《环报》：你在建议中提出国家政治生活民主化的六个措施，其中提出搞《政党法》和《参政法》是怎么考虑的？

李锐：现在这么多干部，都吃国家财政饭。一个政党在国家社会和全体人民中，处于一个什么位置？负什么责任，怎么操作，其经费来源等等，都要清楚。我们国家现在是两张皮，党政不分，难分。上上下下还是"一把手"说了算。权大于法，权力导致腐败，绝对权力导致绝对腐败。问题仍在政治体制改革步伐过慢，民主滞后，法治难张，腐败之风日益盛行。

《环报》：还是在15大的书面发言里，您认为中国面临七个危险。现在这七个危险是否依旧？

李锐：最大的危险是人治。党内没有民主，国家也难有民主。所以不能搞党高于一切，"一把手"高于一切。邓小平1941年眷文说，应反对以党治国的观念》。

《环报》：政治体制改革迟缓，会不会导致洋务运动的后果？

李锐：不过根本问题是要解决党大于法，人治大于法治。不搞民主化，法治化，政治体制不改革，人治的问题不变，经济上也会有问题。腐败是不得了的。每年以千为基数的县以上干部犯罪，省部级干部犯罪已经上百了。问题就是领导的权力太大，党和国家没有很好的监督机制，尤其舆论一律，没有舆论监督。现在提出政治文明，值得关注。政治文明首先要遵循宪法，要有言论自由。中央领导谈宪法是个信号。

（摘自2003年3月7号，news.sohu.com）

读后感之一：关于干部的设置问题

让我们回头看。从1949年建国到改革开放这段时间，整个党和国家的干部体制是怎样的。我们每个出生在50到60年代的人都应有这样的印象：一个单位，大到中央，小到地方的人民公社，都有两位正职：一个书记，一个队长。在中央，一个党书记，一个国家主席；在地方，一个是省市县委书记，一个是省市县长；在工厂，一个是厂党委书记，一个是厂长；在学校，一个是校党委书记，一个是校长；在农村，一个是队支书，一个是队长；在部队，一个是军师团政委，一个是军师团长；一个是连长，一个是连指导员。任何机构，都设两正职。这种所谓党指挥枪的运行方式，不仅造成职责不清，分工不明，也是对社会人力资源的极大浪费，阻碍了生产力的发展，违背了科学管理法则。正如李老所言：如何操作？都吃国家财政，经费哪里来？

再看看改革开放这段时间。大部分生产行业，商业领域，私人企业已看不到党委书记，支书们的身影了。代子而起的是"一把手"说了算的专制主义。所谓"一把手"就是正职。副职，名副其实的附和之职，正职的陪衬和命令的执行者。其他所谓监督机构，也只是徒有虚名的无权派。这种一人说了算的权力真空，造就了专横与垄断。权力垄断加上经济垄断滋生的就是腐败的土壤。一个单位，一个地方的管理，很少有民意的参与。绝对服从，是人们能升迁的唯一途径。正职就是太上皇，可以为所欲为的干出任何违法违纪的事儿。

民主的意识就是参与。参与就是监控。民主制度就是一种监控制度。对民主意识的压制，就是对人民权力的限制，就造就了种种社会不公。

读后感之二：关于社会百态

（一）高度腐败，制度性的腐败

在国内，领导干部的贪污腐化再也不是个别现象，小范围的事了。大到中央，小到地方，贪官层出不穷。李老说，每年县级以千计，省级以百计的贪污案件待查。如：原全国人大副委员长，广西省委书记成克杰，原江西省副省长胡长青，原云南省省长李嘉廷等多位正负部级，正负省级，正负市级的领导干部纷纷下马，说明我们的干部体制，政治体制有问题。普遍的贪污腐败就是制度性的贪污腐败。

中国知识界正面临腐败危机。学界的腐败正愈演愈烈：从院士到校长，从名校博导到批发的博士，抄袭，权钱交易，假的真文凭，急功近利造就的博士满天飞。知识分子的天职是求真，如果连真理的追求者也普遍弄虚作假，这个社会就比较危险，引起我们的警惕了！

中国连教育这块净土也污染了！

（二）造假作弊，买官卖官

另一普遍现象是造假成风。包括学历造假，假文凭，假学历满天飞，便宜到几百至几十元就能买到你所需要的各个大学的各类文凭。经历造假，年龄造假，婚姻造假，户籍造假，公章造假；经济领域的各项经济活动造假：包括上市公司经营业绩造价，财务造假，各项生产商业合同造假，各项产品质量造假，广告造假，盗版光碟与书籍等等。

这次中国国内爆发的SARS危机，辽宁海城3000多学生豆奶中毒事件等等，就是这种不健康，腐败的官僚体制充分体现和最好证明。

（三）金钱打造社会关系网——具有中国特色的竞争手段

从生意场到官场，表现在各阶层，各名目的交际，应酬，请客，送礼。

（四）社会道德沦丧

二奶成风，三陪遍布，娼妓满街，性病泛滥，艾滋病患率急升。

（五）社会治安差，刑事犯罪率剧增

偷盗抢劫司空见惯，光天化日之下抢提包，抢手机，抢项链，抢汽车，抢银行；吸毒贩毒；贩黄示黄；绑架勒索；贩卖妇女儿童等等。

我们不禁在思考一个问题，面对上述种种乱象，政府可以作为吗？如果政府手段非凡，干净彻底地清理，如此而为，岂有不灭之理？我们的政治体制正在滋生着这些土壤。

一切腐败的根源是体制问题。"一言堂"的政治体制不改革，一切腐败只会蔓延，不可能根除。

诺贝尔经济学得主说得好：一个国家的道德水准有多高，他的经济水平就有多高 。

写于2004年，美国德州圣安东尼奥市

金融理财文章

世界金融集团(WFG)的营销模式与传销之异同

一、 什么是传销？

传销一般指：企业传销员通过亲戚、朋友、熟人的介绍与顾客直接见面，推销商品的一种营销方式。不同的地区有不同的理解。在台湾、香港地区把所有的合法直销都叫传销，基本上没有贬义。在中国大陆，则把"多层次直销"和"层压式推销"等等都称为传销。而"层压式推销"实为非法传销或变相传销，俗称"老鼠会"，是贬义的。由于概念上的混淆，大陆地区把"多层次直销"也当成了"老鼠会"。

二、 什么是直销(Direct Selling)？

直销是指面对面和非定点的方式，销售商品和服务，是没有中间商的行销，是绕过传统批发和零售渠道，直接从客户那里接受订单。根据所得的分配制度，又分为"单层次直销(Single-level Marketing)"和"多层次直销(Multi-level Marketing)"。

"单层次直销"：没有下级，公司的销售员直接与客户见面，销售员的收入来源直接与其销售成果挂钩，从商品的销售利润中按一定比例提取报酬。很多汽车公司(如：FORD、TOYOTA、HONDA)采取此种销售办法。(指模式A)。

"多层次直销"：有下级，公司的销售员也直接与客户见面，销售员的收入来源除了从自己销售商品利润中提取外，还从其下级的销售额按一定的比例提取(指模式B)。1979年美国联邦贸易委员会、美国最高法院裁决了安丽公司(美国第一家获得巨大成功的直销公司) 营销的合法性，使直销成为正规传统销售方式的一个补充销售渠道。

1990年台湾直销协会成立。1992年台湾颁布"公平交易法"，正式给予直销合法身份。

再看看什么是"层压式推销"，也称非法或变相传销？它有两个特点：(1)上级的收入完全取决于(依靠)下级的销售额，并无限的获取下级的劳动成果，损害了下级的利益。(2)销售商品的价格是垄断型的高价格，商品的价格与其自身的价值发生了极大的背离，损害了消费者(即购买者)的利益。还有一种变相传销甚至根本没有产品，完全依靠下线会员的高额会费，层层获取收益。

三、 什么是世界金融集团的营销模式？

世界金融集团的营销模式是销售人员既通过亲朋关系的介绍，也通过自己与顾客直接见面等方式提供理财服务，推销金融产品的一种综合营销方式。营销员从个人已售的金融产品的销售额中按统一规定提取佣金，除此，也从下级的销售额中按一定比例(很小)提取报酬。所以很明显，世界金融集团的营销模式是"多层次直销"模式。

世界金融集团的营销模式与我们所说的传销除了概念上混淆之外，确有相似的地方，也是容易引起大家误解的地方，这是下面要讲的第四点。

四、相同之处；

1. 开拓市场的模式有部分相同。其中之一是通过亲戚、朋友、 熟人 来传递商品或服务的信息，通过寻找下级达到扩大市场的目的(任何商品销售都需要开拓市场，只是方式不同，各有所长，各有所短)。

2. 销售人员的报酬提取与级别晋升与其相似(注意是相似而不是相同，第五点中5小点将有阐述)。销售人员的报酬来自两块，一块是自己的销售提成，一块是下级的销售提成，同时，下级的业绩能帮助上级晋升级别(当然，任何公司下属的业绩都帮助上级晋升级别)。

3. 基本没有通过在媒体(电视、报纸、杂志等) 上做广告来推销商品。(好处：节省了大量的广告费用和市场开拓成本。)

五. 相异之处：

1. 产品的属性不同。传销公司销售的大多数是消费品，即工业领域生产出来的产品。WFG代理的是金融产品，即金融、投资、保险业的产品。

2. 产品的所有权不同。传销公司销售的是自己生产的产品系列，是代销公司，没有自己的产品，所有代销的金融产品所有权都不是自己的，是全美及世界上顶级金融、投资、保险公司的几千种最好的金融产品。

3. 产品价格的公平度不同。传销公司销售的是自产产品，只此一家，别无分店，所以它的价格是高度垄断的。通过垄断价格来获取高额利润，由此发生了产品的价格与其价值的背离，损害了消费者的利益。世界金融集团代理的金融产品不是垄断的，它只是那些金融、投资、保险公司的代销人之一，世界金融集团有卖，别的代理公司也有卖，拥有这些金融产品的公司自己也有卖，它们都是市场统一价，是平价，没有发生价格与其价值的背离，没有层层加价，所以没有损害消费者的利益。

4. 销售人员的收入来源不同。传销公司传销人的收入来源，是通过垄断价格获取的高额利润或者通过层层加价来获得；世界金融集团销售人员的收入来源是通过公司与与之代理销售产品的金融、投资、保险公司签订合同，通过拥有这些产品的公司让利来获取佣金。

5. 销售人员的收入分配不同。世界金融集团销售员的报酬提取与级别晋升与其传销公司虽有相似之处，但是完全不同。销售人员按自销提成的那一块，其提成比例是由公司按各自的级别统一规定的；在上级与下级利益分配上也有严格限制，上级只能从下级的销售佣金中提取很小的比例，并由公司支付。这部分不是由下级 付给上级，不是从下级的收入中扣掉给上级，而是从公司的资金中支付给上级，作为上级为陪养下级付出劳动的报酬 。一般来讲上级比下级早入公司，是下级的师傅，要花很多时间、精力训练下级的技能，教导经验，培养能力，公司支付一个小比例的酬劳是公平的。所以在世界金融集团里，下级的利益受到了严格的保障。

另外，在世界金融集团里，上级也可以不通过下级来赚钱，也就是说没有下级，只要有执照，照样可以赚钱。

6. 销售人员的技术含量和素质要求不同。传销公司的传销员不需要营业执照，甚至不需要培训即可从业。世界金融集团的销售人员必须经过严格和长时间的培训，通过考试，取得全美认可的保险执照、证券执照双执照后才可从业。

7. 法律规范要求不同。相对于大部分属于工业领域的传销公司，世界金融集团属于金融投资行业，在管理上有着严格的法律规范和要求。

8. 产品可退换。相对于一般的传销公司产品不可退，世界金融集团代售的金融产品是可退、可换的。另外，没有人强迫客人买产品，客人只有在他们有真正需要的时候才买产品。

除此而外，世界金融集团的营销模式与非法和变相传销的"老鼠会"还有两个根本的不同：

9，世界金融集团的入会费全部交由公司统一支配和管理，没有任何人(不论是上级还是下级)从中提取任何收入。

10. 世界金融集团代售的金融产品不是"虚幌"的，是货真价实的金融产品，与全美最大及最好的金融产品公司都有签约(委托代理人)关系。

结论：判断一个公司是否是传销的重要标准是：消费者的利益是否受到伤害？是否花了高价钱买到了与产品价值不相符的东西？从业者之间的利益分配是否不公平？各层次从业者的利益是否没有得到保障？上级是否无限制的侵占了下级的劳动成果？回答是：NO。世界金融集团的营销模式只是在市场的开拓方式上与传销公司有部分相似之处，而其他方面如：仍保留传统的一对一的营销方式、产品的属性、产品的产权、产品价格的公平度、销售人员的收入来源及收入分配、消费者(客户)的利益保障、从业人员的利益保障等方面，与传销完全不同，并有着根本性的区别。

所以，我对世界金融集团公司的定义是：世界金融集团是一个营销人员既通过传统的营销方式又通过亲朋好友的渠道来传递信息、开拓市场，直接为家庭、个人提供理财服务，并根据其实际需要代理销售金融产品的"多层次直销"模式的公司。

一个成功的直销公司取决于：(1)真正的优质平价产品；(2)优秀的营销人材队伍；(3)规范的营销系统；(4)严格、健全的法律保障。具备了这些特点的直销公司一定能获得巨大成功。

写于2008年5月，美国德州圣安东尼奥市

＊　　　　＊　　　　＊

美国的各类教育基金计划介绍

美国高等教育的收费是非常之高的。一般来讲，按2008年度的水平，公立学校每年的学杂费大约在2-3.5万美元左右(州内公立大学2万美元，州外公立大学3.5万美元)，私立学校每年学杂费大约在5万美元左右。所以教育费用对美国的家庭来讲是一笔巨大的开支。为了解决这个问题，政府采取了很多办法，设立了各种类型的教育基金计划，以帮助学生解决他们的财政负担而能顺利完成学业。教育基金计划按资金来源主要分为两类：一类是政府、学校和其他财务机构提供的教育基金资助计划(Financial Aid)；一类是家庭和学生个人提供的教育基金。下面分别介绍：

属于政府、学校和其他财务机构提供的教育基金资助计划(Financial Aid)：

1. 奖学金(Scholarships)。专为品学兼优的学生设立的奖学金。有由联邦政府提供的奖学金，也有由州政府提供的奖学金；有由各个大学学校提供的奖学金，也有企业和其他各类机构提供的奖学金。学生凭自己的学习成绩和个人表现可直接向这些部门申请。

2. 学生贷款(Student Loans)。学生可以向银行和其他财务机构申请低息(6%左右)学生贷款。学生在毕业找到工作之后再分期偿还。由于学生贷款是低息贷款，所以财务机构也要对学生家庭的财务状况和个人状况进行评估后，才确定贷款金额。

3. 联邦政府、州政府、学校和其他财务机构提供的助学金(Student Aid)。这些助学金主要是为美国不十分富裕的家庭设立的一项政府教育援助计划。由于学生的个体差异较大，并非每个学生都智力超群，能申请到全额奖学金的学生有限。那么这些没有申请到奖学金的学生的教育费用只能由家庭提供。如果家庭不富裕怎么办？就只能向政府、学校或其他财务机构申请助学金或打工挣学费了。向这些机构申请助学金的这笔钱不是贷款，学生不需要偿还，是这些机构专拨的无偿给学生接受高等教育的款项。因此申请的审核也相对严格一些。这些助学金(Student Aid) 又分为四类: 联邦政府助学金(Federal Student Aid)， 州政府助学金(State Student Aid) 、学校助学金(College Controlled Aid) 和其他财务机构助学金(Student Aid)。

属于家庭和学生个人提供的教育基金有：

1. 教育IRA和529计划(529 Plan)。是由学生的家庭提供的教育准备金。由父母在孩子小的时候开始并逐年存入的用于孩子将来受高等教育时所需用的费用。

由于这笔钱可以延税，并且在使用时免交联邦税，也成为较富裕家庭的不错选择。

2. 生的自有帐户(UGMA)。由父母和家里亲属等等给孩子的各类存款。

3. 给学生提供的就业岗位(Student work)。是学生个人自助的教育基金。很多学校和公司专门安排一些工作给学生，让他们通过自己的打工收入，赚取学费。

关于政府和学校教育基金资助计划(Financial Aid)介绍

有人会说得到政府和学校教育基金资助是不容易的，于是放弃申请。CNN网站上登了一篇文章，叫"学生没有得到政府教育基金资助"，文章说：为什么学生没有得到政府的资助？其原因只有一个：因为他们没有申请。实际上，根据统计，学生从政府那里得到资助的比例在逐年增加。以普林斯顿大学为例，得到资助的学生2003年度占41%，2009年度占55%。平均每个学生得到资助的金额也在增加。普林斯顿大学平均每年每个学生得到资助的金额2003年度为$18,000，2009年度为$27,500，增加了很多。还有一个统计，根据已得到资助的学生家庭收入统计，按家庭收入算，平均每个学生得到资助的金额为：

家庭收入($)	平均每个学生得到资助的金额($)
0-4万元	3.9万元
4-6万元	3.4万元
6-8万元	3.1万元
8-10万元	6万元
10-12万元	2.3万元
12-14万元	1.8万元
14-16万元	1.4万元
16-20万元	1.4万元
20万元以上	0.95万元

以上统计数据可见，只要你不放弃申请的权力，就有可能从政府和学校那里得到一定数额的资助。

那么能得到多少资助,则是由很多因素决定的。一般来讲,是按如下公式计算:

政府和学校应提供的资助金额(Estimated Financial Aid)= 学杂费(Cost of Attendance)-家庭贡献(Expected Family Contribution)。

家庭贡献(EFC)=(A+B)x graded factor*+(C+D)

A=家庭毛收入-应交收入税-州税和社保金(4%+7.65%)-家庭基本生活费($23,070)- 雇用费用(3, 200)

B=12%x(父母财产-家庭基本财产($48,700)

C=50%x[学生收入-学生应交收入税-州税和社保金(4%+7.65%)-学生基本收入(3,000)]

D=20%x学生资产

注释:

1,上述各项减除额是依据下列状况给出的:2007-2008年度的四口之家,父母亲为双职工,父母亲年长的一方年龄为50岁。

2,基于全部(A+B) 而给出的比例系数,一般为22%-47%。

也就是说,除了上述计算公式所列的各项因素之外,资助的金额还与所在的年度、州别、家庭人口数量、同期上大学的小孩数量、是否双亲都工作、年长的父母亲的年龄等等都相关。

下面举一个例子进行比较:

戴尔的家在德州,一家有四口人:两个孩子,儿子17岁,女儿14岁;戴尔及太太工作,戴尔50岁,太太45岁;戴尔一家的财务状况如下:

工资毛收入:$138,000

银行存款:$25,000

股票投资:$100,000

共同基金投资：$200,000

已付房款（包括首付和分期已付）：$200,000

401K：$200,000

儿子个人收入：$6,000

家庭总资产为$731,000（税前）

戴尔的儿子即将在2009年度上纽约公立大学，学杂费为$35,000，将上述所有的参数、数据及其他各要素输入软件系统，得出的家庭贡献结果是：$19,991，戴尔的儿子在2009年度需要政府和学校提供的教育基金资助额（计算表中称为Financial need）为$15,009。

那么再看杰森的家庭状况，他的家庭基本状况及财务状况与戴尔的家庭相似。只是财务结构有所不同。杰森家的财务状况如下：

工资毛收入：$138,000

银行存款：$5,000

股票投资：$0

共同基金投资：$0

已付房款（包括首付和分期已付）：$100,000

401K：$200,000

年金：$150,000

人寿保险账户存款：138,000

儿子个人收入：$0

家庭总资产为$731,000（税前）

杰森的儿子也即将在2009年度上纽约公立大学，学杂费为$35,000，将上述所有的参数、数据及其他各要素输入软件系统，得出家庭贡献的结果是：$5,070，杰森的儿子在2009年度需要政府和学校提供的教育基金资助额（计算表中称为Financial need）为$29,930。

很明显杰森的家庭能提供的家庭贡献远远低于戴尔家的，因此他的家庭需要政府和学校提供的教育基金资助远比戴尔的家庭大得多。尽管这两家的基本状况和财务状况相似,总的财产相同,但由于财务结构不一样,能得到的政府和学校教育基金资助额相差很大。

在计算出了需要政府提供的教育基金资助金额之后,学生的家庭可以根据学生的个人和家庭状况分别考虑申请学生贷款(Student Loan)、政府和学校的助学金(Student Aid)或者奖学金(Scholarships)。这三种类型的教育基金资助计划可同时申请,直至补足差额。

美国政府对申请联邦政府助学金(Federal Student Aid)的学生资格要求是:一,必须是美国公民;二,必须有美国永久居住证(绿卡)。不是美国公民又未拿绿卡的居住者,不能申请联邦政府助学金,但可申请州政府助学金(State Student Aid)和学校助学金(College Controlled Aid),向联邦政府申请助学金,申请的时间为每个学年的前一年,如申请2009-2010年度的助学金,申请时间为2008年7月1日到2009年6月30日。各州州政府助学金的申请时间都不相同,但都不得早于每个年度的1月1日,大部分州的申请截止日是在3月1日之前,也有些州的申请截止日在4、5、6、7月,可在FAFSA表和申请网站上查到。各学校和其他财务机构助学金的申请时间也都各不相同,可在学校网站或向学生所在的学校查询,各财务机构的申请时间可向各财务机构直接查询。

关于家庭和学生个人提供的教育基金比较:

家庭和学生个人提供的教育基金除了前面所提的包括教育IRA、529计划、学生自有账户(UGMA)外,还包括一种投资型保险(IUL),这种投资型保险由于具有长期投资高增值、无风险、免税和存取自由灵活等功能,也不失荐为一种家庭教育基金的好工具。

下面作一比较：

教育基金的类	学生自有账户	教育IRA	529计划	投资型保险型
是否是税后存入	是	是	是	是
是否延税	否	是	是	是
投资灵活性	是	是	否	是
提取使用不交税	否	是	是	是
具有财产保护作用	否	否	否	是
作其他用途使用时是否罚款	否	是	是	否
是否影响申请政府教育基金资助	是	是	是	否

注释：

1. 529计划和教育IRA的款项，如果不作为教育基金用途，将会补税和交10%罚款。

2. 529计划列为父母财产，教育IRA和学生自有帐户列为学生的财产。

3. 529计划使用时，免联邦税，但要交州税。

4. FAFSA申请表中已明示，父母财产不包括人寿保险账户和各类退休金账户。

由上述对比可见，家庭和学生个人提供的教育基金的几种类型中，投资型的保险(IUL)是最佳选择。与学生自有账户(UGMA)、教育IRA和529计划比较，它的好处综合如下：

投资型的保险(IUL)与其他三种类型的基金一样，都在税后存入。但投资型的保险(IUL)有延税(Defered)的好处，即在投资过程中不用交税，学生自有账户(UGMA) 的投资收入不能延税，在投资过程中要交税。虽然教育IRA和529计划也有延税(Defered)的好处，但这两种类型都必须专款专用，如将来不作为教育基金使用时，除了补交税金外还要交10%的罚款。而投资型的保险（IUL）有极强的投资灵活性和使用灵活性，可随时存入和提取，使用时不必专款专用，可作任何用途的使用而不用担心补税和罚款。除此外，投资型的保险（IUL）还有不交税的好处，使用提取时不交任何联邦税和州税；转给下一代时，免交遗产税；投资型的保险（IUL）还有财产保护的功能，对职业风险较高的人来讲，如医生、护士、商人等等，不会因为各项诉讼的失利，而失去这部分资产。教育IRA和529计划只有税的部分好处，无投资灵活性，无财产保护的功能。重要的是：投资型的保险（IUL）由于不列为家庭财产申报，它的现金值既不列为学生的资产，也不列为父母的资产，所以不影响政府和学校教育基金资助的申请，有助于提高资助的金额。而教育IRA和529计划要列为家庭财产，从而影响资助的申请金额。

综上所述，在美国提供学生接受高等教育经费来源的途径很多：有政府、学校、企业提供的奖学金；有各种财务机构提供的低息学生贷款；有联邦政府、州政府和学校提供的助学金；有家庭自助计划如教育IRA、529计划、投资型的保险（IUL）和给学生开的自有账户（UGMA）；有学生自助计划，如提供给学生的就业岗位等等。所有作为教育基金计划的目的只有一个：培养下一代，让学生有足够的资金支持，顺利完成他们的高等教育。各类教育基金均可同时申请，相互补充。根据不同的家庭情况和不同的学生个人状况，可选择不同的重点类型。如天赋好的学生，学习成绩出类拔萃，可直接向政府、学校申请奖学金；家庭比较富裕的学生可选择教育IRA和529计划，享受税的好处；家庭比较贫困的学生，可申请政府和学校助学金和学生贷款；不论何种状况的家庭都可选择投资型的保险（IUL），帮助家庭投资增值，规避风险，解决燃眉之急。

附美国主要公、私立大学2008年度学费(不含杂费)介绍：

大学名字	学费($)
私立大学	
哈佛：	$36,170
普林斯顿：	$35,300
耶鲁：	$34,290
斯坦福：	$36,030
MIT：	$36,390
宾大：	$37,526
哥伦比亚：	$39,326
Rice：	$28,996
U. Miami：	$34,834
公立大学	
UC Berkeley：	$8,932 (州内)；$29,540(州外)
U. Virginia：	$9,300 (州内)；$29,600(州外)
U. Michigan：	$11,111(州内)；$32,401(州外)
UNC-Chapel Hill：	$5,396 (州内)；$22,294(州外)
Georgia Tech：	$5,272 (州内)；$21,386(州外)
U. Florida：	$3,790 (州内)；$21,400(州外)

　　平均下来，在美国上 私立大学的学费是$3.5万，学杂费是$5万；上 本州公立大学的学费是$5-7千，学杂费是$2万；上外州公立大学的学费是$2.2万，学杂费是$3.5万. 学费是指 tuition and mandatory fee，学杂费是指学费加杂费(吃,喝,住,行,书,医,保等等)。

写于2008年10月，美国德州圣安东尼奥市

美国的信用卡制度

每个从中国来到美国生活的人，都会碰到一种新的支付方式————信用卡付款方式。很多人刚开始不明白什么是信用卡？为什么在美国信用卡被普遍使用，而在中国十分鲜见？

信用卡是商业银行或其他财务机构向个人和单位发行的，凭以购物、消费，具有信用功能的特制卡片。美国的信用卡一般指贷记卡，是发卡银行、财务机构给予持卡人一定的信用额度，持卡人可在信用额度内先购物消费，后还款给发卡人的一种消费贷款制度。信用卡记录了你的个人资料和消费明细，同时也记录了你的信用历史。

信用卡的形式是一张正面印有发卡银行名称、有效期、号码、持卡人姓名等内容，背面有磁条、签名条的卡片。这种支付工具目前仅次于现金支票，是最普遍受欢迎的塑料货币。

信用卡的本质是什么？就是信用二字，及诚信为本。讲信用卡的时候，是与美国社会的价值观、政治文化背景联系起来的。美国是一个诚信为本的社会，它的各项制度、规定的设置都是建立在人们的自觉意思、诚实为本的基础之上。另外，美国社会的经济高度发达，人们的消费意思超前，信用卡制度就应运而生。信用卡也是经济高度发展的产物。

信用卡(Credit)是与借记卡(Debit) 相对应的。在会计原理上，Credit 是贷，Debit 是借，所以Credit卡叫贷记卡，就是先把款贷给持卡人消费，先代他们付款给那些服务或消费的公司，持卡人再在规定的时间内还款给信用卡公司。Debit卡叫借记卡，持卡人必须先存入备用金在卡内，然后再使用，其使用金额不能超过存入金额，Debit卡公司不会代客人垫付任何超额的部分。所谓规定的时间，一般指月底结算日之后的30天内还款，在规定的时间之内还款，不用支付任何利息，超过规定的时间，则需支付高额利息(18%--35%) 和逾期滞纳金。

在美国，大部分人能在规定的时间之内偿还自己使用的欠款，这叫做信誉好的客户，信用卡公司也愿意把钱借给他们。信用卡公司的盈利源于那些收取信用卡的消费、服务机构的让利。若持卡人逾期不还，则信用卡公司还赚取持卡人的高额利息。

在中国，信用卡较为鲜见的原因是，中国的信用卡公司面临的风险太大，由于社会的法治程度不高，普众的价值观、人们的诚信度达不到应有的高度，信用卡的结算方式只能在小范围内推广。在中国我们也用银行卡买东西，但这种卡不是信用卡，而是Debit卡，也叫储蓄卡，是把钱先存进去之后，再使用，好处是人们省去了携带现金，去银行提款的麻烦，但银行不会承担透支给你使用而面临的极大风险。

信用卡的由来：

信用卡于1915年起源于美国。

最早发行信用卡的机构并不是银行，而是一些百货商店、饮食业、娱乐业和汽油公司。这些最早的单位为扩大营业额，有选择地在一定范围内给顾客发放一种类似金属徽章的信用筹码，后来演变成为用塑料制成的卡片，作为客户购货消费的凭证，开展了凭信用筹码的赊销服务。顾客可以在这些单位约期付款，这就是信用卡的雏形。

据说，美国商人弗兰克·麦克纳马拉在纽约一家饭店招待客人用餐，就餐后发现他的钱包忘记带在身边，不得不打电话叫妻子带现金来结账。于是他产生了创建信用卡公司的想法。1950年春，麦克纳马拉与他的好友合作投资一万美元，在纽约创立了"大来俱乐部"（Diners Club），这是大来信用卡公司的前身。大来俱乐部会员凭卡片可以记账消费。

1952年，加利福尼亚州的富兰克林国民银行首先发行了银行信用卡。

1959年，美洲银行在加利福尼亚州发行了美洲银行卡。此后，许多银行加入了发卡银行的行列。六十年代后期，银行信用卡得到迅速发展，在美国，英国、日本、加拿大以及欧洲各国也盛行起来。七十年代后，香港、台湾、新加坡、马来西亚等国家和地区，也开始发行信用卡业务。

信用卡的常见分类：

信用卡的种类很多，通常可按以下几种标准划分：

按发行组织分：有MasterCard, VISA, AMERICAN EXPRESS, DISCOVER 等

按从属关系分：可以分为主卡和附属卡；

按发卡对象不同分：可以分为公司卡和个人卡；

信用卡的申领及支付程序：

<1>记帐。支付行为被记录下来。信用卡公司记录为消费者支付的每一笔款项的商家，付款的时间、金额、购物内容等等。

<2>收到帐单（bill）。月底你将收到信用卡公司寄来的本月消费的帐单。

<3>在规定的时间之内，寄银行支票给信用卡公司，还清借款。

<4>若逾期支付，信用卡公司除了收取你18%-35%的利息外，还收取逾期滞纳金。

附卡与主卡有什么关系：

附卡持卡人使用信用卡所发生的一切债务均由主卡持卡人承担，由主卡持卡人直接向发卡机构或特约单位履行债务，因此，主卡持卡人与副卡持卡人之间多为财产共有关系，或者彼此了解、信任，二者之间存在赠与、委托、有偿承担等约定，同时也决定了主卡和附卡属于同一帐户，信用额度共享。

在主、附卡持卡人关系中，主卡持卡人处于主导地位，有权决定增加或取消副卡，副卡持卡人则处于附属地位。如主卡被取消，副卡应主动交还发卡机构。主卡持卡人要求中途停止使用附卡时，也应将附卡交还发卡机构，其未了结的债务，仍由主卡持卡人承担。

主卡与附卡共享同一额度。如额度为5000元，则主卡与附卡刷卡总额相加不得超过5000元。

信用卡与货币有什么异同？

信用卡也可以叫做电子货币，因为货币和信用卡都是充当交换媒介物的特殊商品；所以信用卡也介入商品流通；但信用卡

作为支付手段，是一种先进的支付工具，能够在较大的范围和程度上取代现钞流通，而进入所谓的无现金社会，可把它看作纸币之后的新一种货币替代物。

信用卡与货币也有区别：

信用卡不是商品的等价物，没有价值尺度作用，只是价值转移的手段，是货币的载体；作为流通手段，货币与商品在买与卖者之间不断作换位运动，而信用卡则永远隶属于一个主人，也就是说完成商品交易时，价值转移了，信用卡所有者并没有转移。由于信用卡是一种先进的支付工具，它突破货币的局限性，可在一地或数地多次地为它的持有者完成交易，可在银行授信额度以内支付货币换回持卡人所需要的商品和服务。它把货币的支付手段在时间和空间上大大的扩大和延伸了；信用卡不会成为世界货币，尽管它打破了国界限制，在国际上广泛使用，但由于它不具有价值尺度作用，它所转移的仍是货币，在货币执行世界货币职能时仍然是一种支付工具。

信用卡的好处

（1）超前。在本人当期现金不够的情况下，由于信用卡公司帮你代付，消费者可以提前享用到物品和服务，也可以提前得到你所喜欢的东西，不会因为钱不够而丧失掉了购买机会。

（2）方便。消费者不用随身携带大量现金，而且由于在消费结算过程中，没有实物现金付出的概念，消费者容易产生冲动性购物和购买大件的欲望，增加了消费购物的随意性。统计数据也表明，使用银行卡交易的平均消费金额要高于使用现金交易的平均消费金额，这些都大大地增加了商家的销售量和销售额。

（3）安全、卫生。商家在收取现金时往往需要识别假钞假币，还需要对钞票进行清点、保管，每日营业终了还要将现金押解至银行等等，都给资金安全构成了威胁。而信用卡则避免了这些问题。同时，现金在流通过程中不可避免地染上各类细菌和病毒，给消费者和收银员的身体健康也带来了威胁，而使用信用卡则很卫生。

（4）快速。由于是电子结算，交易快速，准确，资金即时到位，加快了资金的运作效率。

（5）减少工作量。显而易见，使用信用卡节省了对钞票进行清点的大量的工作量。

（6）容易了解消费者的信用历史记录。通过受理信用卡，商家和信用卡公司都能够收集到消费者的历史相关数据，通过对数据的分析、研究，可以制订出有针对性的消费者服务计划。也给其他的金融机构对同一消费者的信用评定提供参考依据。

信用卡公司介绍

在美国主要有威士国际（VISA International）和万事达卡国际（MasterCard International）两大组织及美国运通国际股份有限公司（America Express），还有大来信用证有限公司（Diners Club）、JCB日本国际信用卡公司（JCB）等等。

威士国际（VISA INTERNATIONAL）是目前世界上最大的信用卡和旅行支票组织。威士国际的前身是1900年成立的美洲银行信用卡公司。1974年，美洲银行信用卡公司与西方国家的一些商业银行合作，成立了国际信用卡服务公司，并于1977年正式改为威士（VISA）国际组织，成为全球性的信用卡联合组织。威士国际组织拥有VISA、ELECTRON、INTERLINK、PLUS及VISA CASH等品牌商标。 威士国际组织本身并不直接发卡，VISA品牌的信用卡是由参加威士国际组织的会员（主要是银行）发行的。目前其会员约2.2万个，发卡逾10亿张，商户超过2000多万家，联网ATM机约66万台。

万事达卡国际（MasterCard INTERNATIONAL）是全球第二大信用卡国际组织。1966年美国加州的一些银行成立了银行卡协会（Interbank Card Association），并于1970年启用Master Charge的名称及标志，统一了各会员银行发行的信用卡名称和设计，1978年再次更名为现在的MasterCard。万事达卡国际组织拥有MasterCard、Maestro、Mondex、Cirrus等品牌商标。万事达卡国际组织本身并不直接发卡，MasterCard品牌的信用卡是由参加万事达卡国际组织的金融机构会员发行的。目前其会员约2万个，拥有超过2100多万家商户及ATM机。

大来卡（DinersClub）大来卡于1950年由创业者Frank McMamaca创办，是第一张塑料付款卡，最终发展成为一个国际通用的信用卡。1981年美国最大的零售银行————花旗银行的控股公司————花旗公司接受了DinersClubIntenational卡。大来卡公司的主要优势在于它在尚未被开发的地区增加其销售额，并且巩固该公司在信用卡市场中所保持的强有力的位置。该公司通过大来现金兑换网络与ATM网络之间所形成互惠协议，从而集中加强了其在国际间市场上的地位。

JCB（JapanCreditBureau）1961年，JCB作为日本第一个专门的信用卡公司宣告成立。此后，它一直以最大公司的姿态发展至今，它是代表日本的名副其实的信用卡公司。在亚洲地区，其商标是独一无二的。其业务范围遍及世界各地100多个国家和地区。JCB信用卡的种类成为世界之最，达5000多种。JCB的国际战略主要瞄准了工作、生活在国外的日本实业家和女性。为确立国际地位，JCB也对日本、美国和欧洲等商户实现优先服务计划，使其包括在JCB持卡人的特殊旅游指南中。空前的优质服务是JCB成功的奥秘。

运通卡（America Express）自1958年发行第一张运通卡以来，迄今为止运通已在68个国家和地区以49种货币发行了运通卡，构建了全球最大的自成体系的特约商户网络，并拥有超过6000万名的优质持卡人群体。成立于1850年的运通公司，最初的业务是提供快递服务。随着业务的不断发展，运通于1891年率先推出旅行支票，主要面向经常旅行的高端客户。可以说，运通服务于高端客户的历史长达百年，积累了丰富的服务经验和庞大的优质客户群体。

1958年，美国运通推出第一张签账卡。凭借着百年老店的信誉和世界知名的品牌，当时红极一时的猫王成为第一批持卡人之一，很多经常旅行的生意人成为美国运通卡这一新兴产品的积极申请者。在美国运通卡开业时，签约入网的商户便超过了

17000多个，特别是美国旅馆联盟的15万卡户和4500个成员旅馆的加入，标志着银行卡终于被美国的主流商界所接受。

1966年运通发行了第一张金卡，以满足逐渐成熟的消费者的更高需求。

1984年，运通在全球率先发行第一张白金卡，该卡只为获邀特选的会员而设，不接受外部申请。除积分计划和无忧消费主义以外，持卡人可享受周全的旅游服务优惠和休闲生活优惠，专人24小时的白金卡服务为会员妥善安排各项生活大小事宜。

1999年，运通精选白金卡持卡人中的顶级客户，为他们发行了百夫长卡（CenturionCard）。持有这种美国运通最高级的卡产品，可以自由进入全球主要城市的顶级会所，可以享有全球独一无二的顶级个人服务及品味超卓的尊享优惠，包括全能私人助理、专享非凡旅游优惠、休闲生活优惠、银行服务专员提供的银行及投资服务和24小时周全支持等。白金卡和百夫长卡使得运通成为尊贵卡的代言人。

美国运通公司凭借百余年的服务品质和不断创新的经营理念，保持着自己"富人卡"的形象。过去运通一直走独立发卡之路，从1996年才开始向其他金融和发卡机构开放网络，1997年成立环球网络服务部（GNS），允许合作伙伴发行美国运通卡，利用运通网络带动合作伙伴的业务增长，强化竞争优势，增加边际利润，提高业务整合管理能力。至今GNS已与全球90多个国家的80个合作伙伴建立了战略合作伙伴关系。在亚太区的17个国家拥有28个合作伙伴，包括中国工商银行、中国台湾的台新银行、中国香港的大新银行、新加坡发展银行、新西兰银行、国立澳大利亚银行等。

写于2008年12月，美国德州圣安东尼奥市

关于中国公司来美国上市的情况介绍

公司能上市交易的四大好处是:

1. 筹集资本。
2. 用股票获得其他生意。
3. 为投资者带来财富和使得财富容易变现。
4. 能以股票作担保从财务机构那里得到贷款。

利用传统的首次发行上市(IPO),时间长而且花费高。上市的公司必须有足够的财力。除IPO外,任何一个公司,包括外国公司,要成为美国的上市公司可以考虑直接向OTCBB(柜台交易市场)申请上市,或是通过买壳上市。

1. 关于直接向OTCBB(柜台交易市场) 申请上市

向OTCBB申请上市,不需要筹募资金。可直接向美国证券交易所(SEC)提出申请并且通过注册,拉斯达克的市场经纪人(MARKET MAKER)从全美证券商交易协会(NASD)拿到一个交易号,这些过程完成后,该申请公司就可以在OTCBB开始股票交易了。

公司上市后,能增加筹募资金的机会,同时能以股票作担保从财务机构那里得到贷款。根据该公司的后续发展状况,经营盈利状况,还可升级到拉斯达克。

*   *   *

关于买壳上市

买壳上市是让中国公司购买和控制一家美国的上市壳公司,然后把中国公司合并进来。一般来讲,上市的壳公司只是一个名,没有资产,也没有负债。上市壳公司的购买价格由该公司是否是申报(REPORTING) 或交易(TRADING) 来确定。

买壳上市也能让一个公司直接上市。但是，创办人或原股东常常要求保留5%到10%的股份，使得购买成本增大。

一般来讲，直接向OTCBB申请上市的成本比购买壳公司的成本要低，因为不需要找壳公司，但直接申请上市的过程比买壳上市公司的过程要略长一点。

不管是直接向OTCBB申请上市还是购买壳公司，都需要提供按照美国＜一般公认的会计准则＞(GAAP)审计的财务报表（一般两年）。

写于2007年5月，美国德州圣安东尼奥市

* * *

权 益 性 融 资

对于私募的金额没有限制性规定，但是SEC规定3个等级的私募金额， 分别为100万以下、500万以下和无限额私募。其中对于无限额私募，要求资本募集者对投资人提供和展示相关的审计文件和其它详细的财务报告。资本私募投资人在一年内不可以将股权在市场上销售，但是 可以进行私下交易，私下交易豁免于SEC批准。如投资人希望在市场上销售他的权益，他必须全额持有其权益一年以上。通过证券商或注 册经纪人进行资本私募会发生佣金费用，佣金平均在10%左右。其它 资本私募费用包括各州政府的文件处理费，视各州政府不同，其范围 在50-250美金；有些资本私募公司会收取文件准备费和其它杂费，但所有成本相加一般不会超过3%。上述费用均在资本募集后扣除，不会产生前期费用。近年来，上市企业的资本私募（PIPE）已经成为资本 募集的最主要的手段之一。

写于2007年7月，美国德州圣安东尼奥市

部分QQ日记

关于"占中"引发动荡 142家海外华文媒体……

这些媒体代表不了海外五千万华人！再说这象中宣部的口气和文章，怀疑这些媒体介入的真实性！请认真面对国内事务和香港问题，不要出了状况就指责海外反华，美国反华。可笑，愚蠢还自鸣得意！明明是失道寡助，硬要扯上爱国和洋人，每次国内闹事都这样，来点新鲜的不行吗？请的一些水军又只会骂人，帮倒忙，看似有点人气，其实一堆垃圾！

* * *

读《海外华人大联署：要求中国发侨胞证免签证回国》有感

一，举双手赞同！目光远大，睿智的政府应接受这对中华民族有百利而无一害的提议！

二，不明智的政府才会把民族的精英拒之门外！

三，中国不是精英执政，一帮心智发育不全的人管理着国家，才有如此多的蠢策

四，国人都什么视野啊？什么都从"占好处"的角度想问题。发侨胞证不是双赢，是多赢。放着富矿不来挖，拱手让给别人！

明明是脑子的问题，硬是往脸蛋上扯，难怪国内那么多人花钱整容，却不去修脑。一个由多个开口就骂骂咧咧的个体组成的民族，自省吧！

赚钱之余，灯下思吧！历史的余温尚未退去……

新《老人法》反映立法者的脑残，是不同的东西文化土壤种出的果实。中国的国内生产总值这么高，那么多的金钱却是存起来，作为外汇储备，而非发展教育和长者福利。养老必须社会化，而中国却以立法的方试，推 给个人和家庭，国家不去承担任何责任。

有感：以环境的全面牺牲，污染的全面严重，百姓健康生命受全面的威胁为代价，只换来了少数的"致富"

向大自然无节制的索取，留下的是满目苍伤，带走的是荣华富贵。

* * *

网友评李安的太太

一个质朴的灵魂，一个脱离了琐碎世俗的牵绊简化生活的女人，却建立了一个丰富的精神家园，让家人的灵魂得以纯净自然地发散上升。活得毫不拖泥带水，浓缩了人生所必需的全部精华。

了不起的女人，碰到了懂得欣赏她的男人。

* * *

GDP与污染

以牺牲环境为代价的GDP，跃至世界第一 ，只会糟！ 如果水污染了，空气污染了，土壤污染了，制奶企业也巧妇难为无米炊！

GDP，是以中华民族的生死存亡为代价！

有感！2013-1-31

精英治国，才能国强民富！

无产阶级作了主人，于是无产阶层做了社会的精英……，于是几十年后……，有了"雾霾天专用神器"。

中国青年网：

官媒："中国向来新闻自由，南周是好报，宣传党的理念"

核心提示，一些围观者人为，矛盾双方水火不容，必须你死我活。甚至有人无限拔高，认为这是对至高无上的新闻自由的誓死争取。这种认识差矣——中国向来新闻自由，否则，何来《南方周末》？何来众人击节赞叹的十数篇新年献词？如果说《南方周末》办得好，那就是中国新闻足够自由。"

"在社会主义中国，报纸是党的宣传工具。党管媒体，这是铁打的原则，可以理直气壮地告诉全世界。报纸的作用，就是传达党的方针政策，统一群众认识，此外还可激浊扬清、针砭时弊，给党传递来自基层的信息。报纸就是党的耳目喉舌，《南方周末》也是——过去是，现在是，未来还是。多年以来，《南方周末》涌现出了一大批优秀的编辑记者，他们是党管下的南方报业集团经过精心选拔、招聘而来的，他们也是党的新闻工作者。"

评：这篇文章不长，却有几十个"党"字，真可爱！关键的时候"人民"就失踪了，前几天的发言还能见很多"人民"的字眼。

如皇帝的新衣，官方擅长装睡，即使全世界都知道他在裸奔。

莫言诺贝尔奖演说全文读后

好的文章总能拨动心眩，让人感动热泪盈眶！喜欢他的文字风格，平实中见伟大！

莫言得奖

因出国较早，未看过他的小说，但通过读他获奖后的片文只字，很喜欢他的质朴、真诚、低调。杜同学一定喜欢他，你们的经历太象了：都从农村出来，都喜爱文学！补充一点，长得还象！老杜努力！

老杜和莫言可称为合并同类项。

西梅空间：

风景美！文字美！诗意的感悟配以诗意的美景！美是真实的！

那些如诗的画，如画的诗，美得真真切切！

反腐败

反腐象割韭菜，越割越壮！

户口制度

户口制度会在不久的将来消失！

户口制度是不仁道的！

由于户口制度，才把农民阶层打入地狱，翻身难！城乡差别是人为的！

而很多精英，就出自农民阶层！

16个莫

好贴呀！16个莫就是社会的真实写照！

——莫言，莫氏家族有：莫软，莫怕，莫贪，莫愁，莫牛，莫吹，莫生，莫堵，莫愚，莫左，莫假，莫涨，莫水，莫跌，莫印。

《中国好声音》

《中国好声音》到最后真的变味了！有人看到大商机，所以失控了！本人很欣赏刘欢，有才有德有品有术，他也无能为力呀！

有特色

我：还以为这次有大变化看来看去还是换汤不换药！

我：怎样定义"有特色的"？这是一个模糊概念？如何定性？定量 ？

王：其实就是公私混搭

王：资社混搭

我：玉卉解释得好！公私混搭，资社混搭

我：社会主义不应有的，但我们有了——这是"有特色"，社会主义应该有的，但我们没有了，这也是有特色！乖乖！

图32：2014年9月，在纽约州的Lake George湖区与女儿划船。

小翻译

在英国一个著名的教堂墓地，有世界上一段最著名的墓铭誌：

When I was young and free and my imagination had no limits,I dreamed of changing the world.
As I grew older and wiser, I discovered the world would not change, so I shortened my sights somewhat and decided to change only my country. But it, too, seemed immovable.

As I grew into my twilight years, in one last desperate attempt, I settled for changing only my family, those closest to me, but also, they would have none of it.

And now, as lie on my death bed, I suddenly realize:

If I had only changed myself first, then by example I would have changed my family.From their in spiration and encouragement, I would then have been able to better my country,and who knows, I may have even changed the world.

我的翻译如下：

当我年轻和在无忧无虑的日子里，我的想象力无边，梦想着改变世界。

当我长大和变得聪慧之时，我发现世界改变不了，于是我调整了目光，决定只改变自己的国家。但是，这一梦想看起来也不现实。

当我进入迟暮之年，我的最后一个企图是，只想改变自己的家庭，这个我最熟悉的地方。但是，似乎看来，这个也很难做到。

现在，我，一个躺在床上，行将就木的人，突然意思到：

如果一开始就去改变我自己，然后作为一个榜样，我可能改变我的家庭；在他们的帮助和鼓励下，我可能让国家变得更好。然后谁知道呢，我甚至可能改变这个世界。

*　　　*　　　*

翻译2　《你说你喜欢雨》

You say that you love rain,
but you open your umbrella when it rains.
You say that you love the sun,
but you find a shadow spot when the sun shines.
You say that you love the wind,
But you close your windows when wind blows.
This is why I am afraid;
You say that you love me too.

你说你喜欢雨，
但是下雨的时候你却撑开了伞；
你说你喜欢阳光，
但当阳光照要的时候，
你却寻找阴凉之地；
你说你喜欢风，
但当风起之时，
你却关上了窗户。
这是为什么你说你爱我
我感到害怕！

（附其他各类的翻译：）
子言慕雨，启伞避之。
子言好阳，寻荫拒之。
子言喜风，阖户离之。

子言偕老，吾所畏之。

君乐雨兮启伞枝，
君乐昼兮林蔽日，
君乐风兮栏帐起，
君乐吾兮吾心噬。

江南三月雨微茫，罗伞轻撑细细香。
日送微醺如梦寐，身依浓翠趁荫凉。
忽闻风籁传朱阁，轻蹙蛾眉锁碧窗。
一片相思君莫解，锦池只恐散鸳鸯。

*　　　*　　　*

在北京的老外竟然用英文寫了一副中國对联：

上联是：subway, railway, highway,way way to die
下联是：officer, announcer, professor, sir sir to lie
横批是：Welcome to China

我的翻译：
地铁，铁路，高速路，路路至死
教授，官人，发言人，人人骗人
横批：欢迎来中国！

第五部　摘录

➤ 微信好帖全文分享
➤ 微信好文摘录
➤ 微信群友好诗摘录
➤ QQ文摘

君子

贤而能容罢，
知而能容愚，
博而能容浅，
粹而能容杂。

微信好帖全文分享

人类史上最伟大的几分钟：一个国家的告别
2016-06-16 狄马 政商内参

　　1783年12月23日，对于硝烟刚刚散尽的美国来说，是一个无比重要的日子。因为这一天，大陆会议将在安纳波利斯举行一个隆重而朴素的仪式，美国独立战争之父、大陆军总司令乔治·华盛顿将军将在这里交出委任状，并辞去他所有的公职。

　　之所以称这为一个仪式，是因为实际上在此之前，他已经遣散了他的部属，并发表了动人的告别演说。他说："你们在部队中曾是不屈不挠和百战百胜的战士；在社会上，也将不愧为道德高尚和有用的公民，在抱有这样一些愿望和得到这些恩惠的情况下，你们的总司令就要退役了。分离的帘幕不久就要拉下，他将永远退出历史舞台"。

　　两天后，华盛顿乘船离开纽约港。一条驳船等在白厅渡，准备让他渡过哈德孙河到保罗斯岬。军队的主要将官聚集在这个渡口附近的一家旅馆向他作最后饯别。这是他们与自己生死与共的司令官最后一次聚集了，因而心情格外激动。据记载，华盛顿也很快就和大家一样为分离的悲伤打动，他们热泪盈眶，无数次地拥抱、干杯，然后，华盛顿就走了……

　　他已把他的军中行李托运回故乡，但他知道，在他正式解甲归田、返回弗农山庄之前，他还有一件顶顶重要的事要办。那就是，把他在八年前由第二届大陆会议授予他的总司令之职，交还给当时象征着人民权力的大陆会议。

　　交还的仪式是由他的同乡，弗吉尼亚人托玛斯·杰弗逊专程从巴黎赶回设计的。当时他正代表新生的美国和英国在巴黎签定独立条约。一俟签字仪式结束，他就匆匆赶回纽约，亲自设计了这个伟大而庄严的仪式。

在杰弗逊的想象里，这个仪式是这样举行的：华盛顿将军走进"国会大厦"（当时的大陆会议厅），在议员的对面他获得了一个座位。然后由议长作出介绍，华盛顿则要站起来，以鞠躬礼向议员们表示尊敬，而议员则不必鞠躬，只需手触帽檐还礼即可。最后，华盛顿以简短讲话"交权"，议长也以简短讲话表示接受。

结果，整个仪式不折不扣地是依照杰弗逊的设计完成的。

华盛顿的最后讲话十分简约，一如他平时的朴实谦逊。他说："现在，我已经完成了赋予我的使命，我将退出这个伟大的舞台，并且向庄严的国会告别。在它的命令之下，我奋战已久。我谨在此交出委任并辞去我所有的公职。"议长则答道："你在这块新的土地上捍卫了自由的理念，为受伤害和被压迫的人们树立了典范。你将带着同胞们的祝福退出这个伟大的舞台。但是，你的道德力量并没有随着你的军职一齐消失，它将激励子孙后代"。

据史书记载，整个仪式十分简短，前后只有几分钟，但正是这个几分钟的仪式却使在场的每一个人都感动不已。当华盛顿将军，这个为了赢得战争不仅变卖了家产，而且因操劳过度生出满头白发、眼睛也几乎看不见了的总司令发表讲话时，每个人的眼里都蓄满泪水。

这是人类历史上第一次不依靠外在压力，仅仅依靠内心的道德力量就自觉放弃了在为公众服务的过程中聚集起来的权力。在它以前，人类历史上曾经出现过形形色色的逊位、下野、惧怕各种祸乱而"功成身退"的范例，在它以后，人类历史上还将出现无数以杀戮、屠城为代价而权倾四海的英雄豪杰，但有了这几分钟，那些大大小小争权夺利、不惜弑父杀子的英雄故事黯淡了；那些装神弄鬼、沐猴而冠，一朝手握权柄就以百姓为刍狗，运用人民交付的权柄就像运用自家厨房里的一根柴火棍的所谓"领袖"、"导师"黯淡了；那些大大小小的土洋奴隶主以各种美妙的名义取得"天下"，而后千方百计延宕、推诿，甚至在垂暮之年还死死抓住权力之柄就像抓住救命稻草的"救星"、"伟人"黯淡了……

我们试以这个仪式的几个动作为例，逐点分析这里面所蕴含的"文化"意义：

1、座位　这是这个仪式开始的第一步。和其它几个动作一样，它表达的是杰弗逊以及一代开国元勋们对新制度的理解和想象。当华盛顿走进议会大厦时，没有人给他献花，也没有听到议员们喊"欢迎，欢迎，热烈欢迎"的号子。他只是在议员的对面获得了一个普通的座位。这个座位没有安排在议员席里，更没有人自动让出中心座位，以营造一种众星拱月、"紧密团结"的氛围，而是让他静静地落座在"议员的对面"，这显示了美国人的政治智慧。因为根据三权分立的原则，国会是一个代表民意的立法机关，而军事首长则是隶属于行政分支的武装力量。美国人最不愿意看到的是代表民意的"代表"最后竟和军队勾结图谋不轨。一句话，他们不愿意看到"军民团结如一人"的祥和景象，因而军事首长和民选代表勾肩搭背、亲嘴握手的喜气洋洋在这个仪式里就只能付之阙如了。

2、鞠躬　这是整个仪式里最核心的动作。杰弗逊以及一个新生国家对军政关系的思考几乎全包含在华盛顿的一鞠躬里了。它象征了国家的武装力量对文官政府的服从。也就是从那一鞠躬开始，美国的军队便严格地置放在了国家之下。军队不得参与镇压国内百姓，它只是民众用来抵御外敌的工具，即只能对外，不能对内，甚至以后的 法律明确规定，动用军队维护国内治安是违法的。也就是从那一刻开始，美国人就明确了这样一个理念：即一个国家是不能靠武力来管理的。这样，一个打下江山的人就没有顺理成章地"坐江山"，一个靠枪杆子打出来的政权，在政权建立以后，就将枪杆子悄然退去。事隔多少年，仍然使我感到莫名惊诧的是，当时包括华盛顿在内的每一个人都似乎没有感到有什么不对。

3、还礼　这是整个仪式中的一个重要细节。因为既然华盛顿的鞠躬表示的是"国家的武 装力量对文官政府的服从"，那么由文官组成的议会就再不能"鞠躬"了，否则就成了"多头政治"。而议员们手触帽檐还礼，只是为了体现一种温文尔雅的绅

士风 度。他们没有我们通常见到的"秀才遇见兵，有理说不清"的诚惶诚恐，也没有万能的救主将权力下放给草民的感激涕零。既然每个人的权利和尊严都是天赋的，那 么，你把人民在非常时期自愿让出的部分权利还给人民就是天经地义的。这用不着解释，也用不着感激——要感激也只能感激上帝——只需手触帽檐象征性地表 示一下礼貌就可以了。

第二天上午，华盛顿就离开了安纳波利斯，回到了弗农山庄，在自己的葡萄架和无花果树下过起了一种心满意足的乡绅生活。

从那以后人类历史上又举行过多少英才霸主的加冕仪式？恐怕谁也说不清。但我相信用不了多少年，所有这些仪式，包括大大小小的宣誓、效忠、集会、游行、磕头礼拜、言不由衷地举拳头、呼万岁，都将湮没无闻，惟有这个仪式会永垂不朽。它将会和苏格拉底的慨然饮鸩，布鲁诺的身被火刑，巴黎人攻下巴士底狱一样，被人们长久记诵。

这就是这几分钟的意义，也是华盛顿对世界的意义！

*　　　　*　　　　*

泰戈尔：你的负担将变成礼物，你受的苦将照亮你的路
2016-06-12 新参考

泰戈尔（1861~1941），印度诗人、哲学家和印度民族主义者，1913年获得诺贝尔文学奖，是第一位获得诺贝尔文学奖的亚洲人。在他的诗中含有深刻的宗教和哲学的见解。对于泰戈尔来说，他的诗是他奉献给神的礼物，而他本人是神的求婚者。他的诗在印度享有史诗的地位。代表作《吉檀迦利》、《飞鸟集》等。

生如夏花之绚烂，死若秋叶之静美。
——泰戈尔《生如夏花》
眼睛为她下着雨，心却为她打着伞，这就是爱情。
——泰戈尔《吉檀迦利》

只有经历过地狱般的磨砺，才能练就创造天堂的力量；只有流过血的手指，才能弹出世间的绝响。

——泰戈尔《飞鸟集》

世界以痛吻我，要我报之以歌。

——泰戈尔《飞鸟集》

寂静在喧嚣里低头不语，沉默在黑夜里与目光结交，于是，我们看错了世界，却说世界欺骗了我们。

——泰戈尔《飞鸟集》

当你为错过太阳而哭泣的时候，你也将再错过群星了。

——泰戈尔

你微微地笑着，不同我说什么话。而我觉得，为了这个，我已等待得很久了。

——泰戈尔《飞鸟集》

你的负担将变成礼物，你受的苦将照亮你的路。

——泰戈尔《渡》

友谊和爱情之间的区别在于：友谊意味着两个人和世界，然而爱情意味着两个人就是世界。

——泰戈尔

世界上最遥远的距离，不是生与死，而是我就站在你面前，你却不知道我爱你。

——泰戈尔 《鱼和飞鸟的故事》

纵然伤心，也不要愁眉不展，因为你不知是谁会爱上你的笑容。

——泰戈尔《飞鸟集》

天空没有翅膀的痕迹，但我已飞过。人生的意义不在于留下什么，只要你经历过，就是最大的美好，这不是无能，而是一种超然。

——泰戈尔《流萤集》

我的心是旷野的鸟，在你的眼睛里找到了它的天空。

——泰戈尔《园丁集》

长日尽处，我站在你的面前，你将看到我的疤痕，知道我曾经受伤，也曾经痊愈。

——泰戈尔 《飞鸟集》

完全理智的心，恰如一柄全是锋刃的刀，会叫使用它的人手上流血。

——泰戈尔

我最后的祝福是要给那些人——他们知道我不完美却还爱着我。

——泰戈尔《流萤集》

*　　　*　　　*

春风十里不如你

2016-03-14 书画新风景

心里，一直有一个关于江南的梦，梦里有远山如黛，小桥流水，还有明媚笑颜的你。

春风轻拂，吹开了江南的姹紫嫣红，总觉得春天的第一株桃花，是带着羞涩的，泛着初遇的红，那种惊艳和欣喜，就有如回到与你相遇的最初，只一眼，便心生欢喜。

拨开记忆的窗，遇见与转身，仿佛都是时间的错，如果，我可以将剧情忘记，将流年刷成无字的扉页，是否能回到最初的你与我？

一直想写一个故事，用清淡的笔墨，写流年花飞，写岁月蹉跎，还有爱情，那一段段一行行，有一天都会在流年似水中泛黄，唯有你的章节，是淡不开的笔墨，旖旎于我的字里行间，温柔着心底如水的情怀。

你曾说过，你喜欢三月风的轻柔，喜欢春日枝头的那抹鹅黄，喜欢走在春雨中的诗意，更喜欢阳光下我明媚的笑颜，你可知，有你的日子，才是我的艳阳天。

总有一处遇见，是月白风清的念想，如栀子花般，开在纯真的年代里，带着青葱的懵懂，和错过的心疼，漫过红尘，随风飘荡，被写在岁月的诗行里，凝结成永恒，或许，暗香本该朦胧着，如街头拐角外，你粲然的微笑，我知道，那便是春天的味道。

也许尘世尘缘多聚散，我仍然相信有一个人会等我在转身之间，陪我看月缺月圆，也仍然会固执地把一份情妥贴在心里，寂静安然。

尽管，更多的时候是一个人的秋水长天，其实生命的渡口，谁不是在用孤独写意时光？那份触手可及的温暖，总是那么远，又那么近，是淡淡的心动，是深深的懂得，如细水长流般温润，又如烟花绚丽般璀璨，生动了过往所有的岁月，也明丽了这个春天见。寂静的时光里，只有文字，是最好的陪伴，也只有文字，能让越来越模糊的过往，变得清晰。总有一天，关于你的记忆，会随着时间远走，到那个时候，如若，你看到这些已经发黄的字迹，还会不会将我，轻轻想起？你的那句，你若安好，便是晴天，我一直记得。

（春暖花开/文）

*　　　　*　　　　*

你静静地居住在我心里

2016-05-23国学精粹与生活艺术/宛若茉莉

你静静地居住在我心里，如同满月居住于夜空。—— 题记

静夜里，听S.E.N.S的一首《沉醉于风中》，舒缓、幽美的旋律婉转而深情，仿佛令人置身于梦幻的迷境中。风轻轻地拂发、拂颈、拂我裸露的肩膀，就像梦一样的轻，轻轻地拂上心头。思

念的薄纱，被风轻轻撩起。院内的几株茉莉，也在风中诉说着爱意，那样的洁白，宛若寒露。茉莉淡淡的幽香泌人心骨，在这五月的夜里，袭我以郁香。

轻柔的琴音，宛若微风山谷里悄悄滑落的露珠，又如寂静山林中夜莺的私语，仿佛来自天籁，来自心灵，那样宁静、柔美而抒情，带着一点点思忆，牵引你远离尘世的喧嚣和浮躁。它呼唤着你，抚慰着你，如微风弥漫山谷，如浮云缓慢飘游，如星河浩瀚无垠，轻轻地触动你的灵魂，唤醒你沉睡在心底最美的感动。

情不知所起，一往而情深。一直以来，我都认为，人生有许多的巧合。一片云来，一朵花开，一阕清词，一首古曲，都会在不同的时候，暗合自己的心境。"雁引愁心去，山衔好月来。"舒缓而幽美的旋律，婉转而动情，似在风中诉说着一个温婉动人的故事。闭上眼，一种温柔的情愫在心中萦绕，牵引你在遥远的梦幻里流连，追寻内心渴望已久的宁静。

"莫道不销魂，帘卷西风，人比黄花瘦。"人的一生，谁的内心又没有一份温柔缱绻的情思，一种旖旎浪漫的怀想呢？"似此星辰非昨夜，为谁风露立中宵。"属于风的夜晚又有多少动人的传说？书一抹婉约的诗行，晕染四季的花香，在漫漫红尘里，守一树似雪梨花，一池淡雅清荷，将点滴的感悟融入水墨情怀，将柔情沉浸在心底，让爱在心中婉转成歌，在如水的光阴里，守望着生命如初的美丽。

窗外，月光如水，我的小屋却早已心事堆积，也许，我在等待，等待一个浪漫梦幻的奇迹。也许，那只是一个遥不可及的梦，可我还是让你，静静地居住在我的心里，如同满月居住于夜空。尽管我知道，漆黑的夜，无法将我的心声传递，但我总觉得，无论多远，你一定可以听到。心存美好，微笑向暖，把一份永久的记忆，珍藏在心灵深处。

我爱你，不光因为你的样子，还因为，和你在一起时，我的样子。我爱你，不光因为你为我而做的事，还因为，为了你，我能做成的事。我爱你，因为你能唤出，我最真的那部分。我爱你，因为你穿越我心灵的旷野，如同阳光穿越水晶般容易。我的傻气，我的弱点，在你的目光里几乎不存在。而我心里最美丽的地方，却被你的光芒照得通亮。

只要你的心中依然有爱，你的眼里就依然有泪。我知道我的生命里，有一种永远的等待。挫折会来，也会过去；热泪会流下，也会收起。我有长长的一生，而你，你一定会来。我相信，最好的总会在最不经意的时候出现。怀揣希望去努力，静待美好的出现。但为君故，沉吟至今。缘来时，好自珍惜，不辜负人间风月，锦秀年华。

"一树梨花一溪月，不知今夜属何人？"有梦的日子，已是最美的时光。你静静地居住在我心里，如同满月居住于夜空。在文字的淡泊里，品味爱的真挚与虔诚；在满含墨香的时光里，灵犀相通；在月色倾城里，相守红尘。"愿我如星君如月，夜夜流光相皎洁。"一抹微笑，念出一个温暖的名字，滑落下来的星光，诉说着，这夜的风情。

本文为宛若茉莉原创，授权国学精粹与生活艺术

*　　　　*　　　　*

没有想念，爱就没有燃烧
2016-03-22 马德 诗歌精选

1，没有想念，爱就没有燃烧。

爱到最后，烧成灰烬。一寸一寸的灰里，是素陌头，是锦绣里，是千山万水，是雨雪霏霏。是喜悦的余灰，是痛的残烬。

风起，是飞飞扬扬的蝶，在爱的缭绕时光里，纷纷扰扰。

这蝶，落在哪一根枝上，那枝会疼，停在哪一朵花上，那花会伤。然后，便枝也深想，花也浅念。

想念，便是春风十里，是千山暮雪，在爱的人心里，四季走遍。

2，在深爱中，最想的时候，也许爱的人就在身边，也会想。那一刻，行动怪异到荒诞，语言贫乏到词穷，所有的情绪都纠缠在想上，且为之百转千回。这是人类情感体验中，最匪夷所思的。在爱的深度体验上，一定有一种叫做灵魂的东西。在那一刻，它超越了身体、内心以及精神，要单独去拥抱或独占爱着的人。

3，想念，就是走一段路，原本想把彼此相隔的时空，走到很短很短。哪料到，越走越长，是千里万里，时光的角上，还挂着霜。

开门见山，不想见到山，只想见到你。闭窗独坐，不想守着寂寞，只想守着你。

想念，就是把一颗心交出去，还有一颗心在痛。就是把无数颗心交出去，总有一颗，在追着所爱的人的路上。

4，最想念的时候，这个世界只剩下一个人。
唯剩下，想着的人。

山也不见了，水也不见了，宏大不见了，幽微不见了，自己不见了，世界不见了，只有当下，只有那个人，只有被流放的想念。

然后，是空，是空旷，是空阔，是空荡荡。是一场空，赶赴着另一场空。是低，是低眉，是低回，是低低的自己，望着心在缥缈的高处飞。

最想的时候，人往往会低到最卑微。

5，这个世界，有多少种爱情，就会有多少种想念。其实，无论它多丰富，都极简单，无论它多刻骨铭心，都极雷同。人类在爱，以及爱的想念上，把彼此统一了起来，消弭了一切的差距。不会因为你尊贵，就给你丰富；也不会因为你贫穷，就不赋予你刻骨铭心。

富家小姐爱上穷书生，卡西莫多爱上艾丝美拉达，在相思的路途上，不会有贫富、美丑的差别，都是风一程，雨一程，风雨兼程，都是哭一回，痛一回，百转千回。

人类所有真诚的情感，浮华褪尽，素净，赤白，看不见一件遮掩的外衣。

6，伟大的情书，一定写了深刻的想念。

有时候，是彼此隔着迢遥的时空，有时候，只是一转身看不见。便情催促着心，心催促着脑，脑催促着手，手催促着文字，文字催促着想念。便秋水长天，望穿秋水，望断长天，文字里，想望着念，秋水望不尽长天。

再长的情书，其实，只写着最短的一个字：爱。再缠绵的情书，其实，只写着最简单的两个字：想念。

情书是爱的宝贵遗产。有一天，当爱的人老了，情书里的想念，依然会让爱，在文字的时光背影里鲜嫩如初。

7，抽取了想念，再轰轰烈烈的爱，也会一下子变得平淡。距离，折磨着爱，也升华着爱；考验着爱，也成全着爱。深刻的爱如果能让人九死一生，深切的想念就会让人肝肠寸断。

深爱着的人，为什么会那么强烈地想着对方呢？当彼此不能厮守的时候，这也许是最好的一种抵达对方的方式吧。也就是说身体可以分开，但心必须相拥，灵魂必须融合。然后，在彼此炽烈的呼应上，找到安妥和喜悦。

没有呼应的想念是单相思。单相思，是这个世界上，永无抵达的爱情之旅，最真挚，也最纯美。

当然了，爱到这么绝望和孤单，也最凄凉。

8，你拽着一个想，我拉着一个念，无论走多久，无论走多远。

你的想，在我的念里开花，然后，我的念，在你的想里结果。最后，岁月拆开一个你，拆开一个我，只剩下，你的一个想，我的一个念。

你看，想念中的人，还把这写成了诗。

想念就该是一首诗吧，因为爱情原本诗意葱茏，因为生命原本诗意盎然。

今生有你，相隔天涯也温暖

2016-06-22 佚名 十点文摘

总有一个身影，徘徊在梦里梦外，若隐若现，一遍复一遍；
总有一种思念，流连在窗里窗外，若有若无，一天又一天。

谁在谁的时光深处，素语浅笑，
将痴痴温柔与善良，涤荡在且行且惜的尘路上？
那抹暖暖的思念，似怜，轻柔如雾；似遥远，却牵扯着依恋。
那清澈的依偎，似糖，甜到忧伤；似亲近，却繁华着寂寞。

我与你，此岸，彼岸，总有一股淡淡的忧伤，一股淡淡的挣扎，
那悲与欢的交错，却让一切柔软得不可思议。
亲爱，或喜或忧，与你相对的每分每秒，温馨而宁静，美好而心安……

有心的人，远在天涯却近在咫尺；
无心的人，近在咫尺却远在天涯。

人生这么长，又这么短。
和喜欢的人在一起，天长地久有时绝；
和无聊的人在一起，再短的时候，也觉得烟波浩渺。
是谁说过，或早或晚，
会遇到一个真正属于灵魂里遇到的人，
遇到了，得不到，就是晚。

我一直认为，无论是早是晚，遇到是幸运，也是缘。

适合走到最后的人，
从一开始就是为了彼此而生的。
我相信这一点，相信冥冥中注定的相遇和分离。
一个天涯，一个海角 ，远吗？惟有用心丈量！

以为天涯很远，其实在心底；
以为咫尺很近，却是无可触及。

到底天涯无尽头，还是咫尺差一厘？
多远的距离，才能够不再记起？

爱，无形，近在呼吸可闻，又无法言喻；
爱，有形，无论相隔多远，总能紧紧相牵。
若是不爱，近在咫尺，也是天涯；若是深爱，远在天涯，也在命里。

有一种感觉，是有你心安。
有一个人，是相隔天涯也温暖。

有一种思念，是想念时的微笑，和挂在脸上的泪珠。
有一种爱，是融入了生命的真实。
爱， 即使再远，也能感受彼此悲欢，
只一声懂得，便可在流年里相依相伴！
你是我今生无悔的邂逅，也是我今生温暖的依靠。
一种相思，两处闲愁，
注定是一种流泪的幸福！
轻轻地，只想把你珍藏，无论是痛苦还是忧伤……

远远地，守望着你，不期许年年月月的靠近，惟愿莫失莫忘；

静静地，陪伴着你，不苟求分分秒秒的拥有，惟愿且行且惜。

有一种抵达，叫永远。
没有尽头。你问我，永远到底有多远。
在心间久久不肯了断的思念深处。

爱，它不会因为时间的改变而改变。

你的莫失，我的莫忘，
便可将时光拉入怀中，一世温柔，悄然欢喜；
我的且行，你的且惜，便可将所有委屈都忘记，一路风雨，无怨无悔。
原来，有种爱，无关婚姻，却给你无边的温暖，时时想起，总觉相遇太晚；
有种情，无关风月，却总是与文字有染，分分秒秒，总想陪伴永远！

有种远眺，含泪微笑，是生命里难舍的牵绊。
有种懂得，心有灵犀，是心与心的无语感知。

爱，无需朝朝暮暮，只要一份相知相惜，就能抵达到美丽的永远；
爱，无需海誓山盟，只要甜美神奇的默契，就能依偎心底里的柔软，

或喜或悲，或苦或甜，能够遇到就是无憾！
亲爱的，今生有你，相隔天涯也温暖⋯⋯

懂，最是深情

2016-05-19 春暖花开/国学精粹与生活艺术

岁月里，总有美丽暗香浮动，生命有热烈也有平淡，有欢喜也有忧伤，记忆的花瓣总要找一个灵魂的支点。时光的角落里，总会隐藏着惊喜，也许就在下一个巷口，美好的懂得便会如约而至。

喜欢如约而至这个词，藏着暗香，和一份对未来的期待，等得很苦，却从不辜负，花儿和暖阳如约而至，为你演绎了一个春天，你踏着春风如约而至，便是我生命中的盛大欢喜。

一杯茶，在等一个懂它的人，有的时候，人也是在等一杯倾心的茶，你若愿等，茶不负你；一朵花，是在等懂得欣赏她知己，你若懂得，她必欢颜。其实我们终其一生，不过是寻找一份懂得，寻一份温暖的陪伴，找一个，能够牵手的人。

懂是轻柔岁月里的那一缕暗香，是平淡生活中的相依相随的陪伴；是繁花落尽后的那份珍藏，是百转千回回后的那一份执着，长路漫漫，一份懂得，是风风雨雨中为你的坚强，岁月无声，一种温暖，是不言不语的那一份相随。

懂你的人，从你的举止言行中，便能看穿你的心思，想你所想，解你烦忧，懂你的人，不需要太多的表达，只是一个眼神便能会意，你的所有。懂你的人，会在人山人海中一眼便能看到你，懂真的无需要多言，无言亦是深情。

每个人心中都有一段过往，每个人的故事里都有一段刻骨铭心。你清澈的眼眸曾穿过岁月的迷茫，给我欢喜，你的微笑曾暖过我光阴的薄凉。懂得，是在人山人海中，只一眼凝眸的欢喜；

是相知相惜，却擦肩而过的惆怅；是众里寻他千百度，那人正在灯火阑珊处的婆娑。

如果我是风中的叶子，便希望能以最美的姿态落下，因为不想让你看到我的忧伤，如果我是一抹暖阳，希望在风雨来之前，多为你储藏些温暖，好让明媚照亮你的心房，也许是这世上的美，都有些苍凉，缘是云水深处无言的守候，是一纸素笺的暖，是光阴写意最美的诗行。最美的懂得，是你来，正好我在，共度一段指尖葱茏的时光。

美好的遇见如途中的一抹光，照亮一个人的生活，那份懂得，甚至能点燃了一个人的生命。灯火阑珊处，总有一些执念，诉说着一往情深，你的深情，他的一往，或许成了多年以后的那一抹相思，那也是生命中，最惊艳的一笔。时光是最好的记录者，他收藏着那些花瓣和暗香，芬芳着如烟的过往。你的笑容，如春风十里，妥帖在那些唇红齿白的光阴里，那些用柔情似水中的诗句，婉约了经年的一首歌。

多少懂得，能在心灵的国度里成就一场花开？多少懂得，能在岁月的云烟里，清晰如昨？懂得，让两颗孤独的心不再迷茫；懂得，让漫漫长路人不再枯燥，懂得，让脚步在前行中不再孤单。如若你懂，一个人的路途，也有温暖和诗意；如若懂得，寒凉风雨中也能寻到暖意；如若懂得，峰回路转处，便是柳岸花明；如若懂得，月缺月圆，亦都是风景。

懂得，如一阕诗行，写的人，走字如简，读的人，见字如面。若是一个名字，在另一个人的心里，有了生命的体温，含泪带笑，知寒懂暖，那简单的文字就不再只是一个符号，而一种真实而灵动的存在，因为懂得，所以相信，你若安好，便是晴天。

人生，有多少别离，就会有多少相逢，喧嚣的尘世，总有一些孤独的灵魂，走在寂寞的路上，而懂得，便是一缕暗香，穿过茫茫人海，幽幽而来，如花间清露，润人心田。它静静地流淌在光阴中，让相见或不见，天涯或咫尺，都变成一场欣喜和期待。因为懂得，岁月，将不再写意迷茫；因为懂得，人生将不再枯燥；因为懂得，所有的千回百转都是值得。

一份爱，若珍惜过，已足够感念，一个喜欢的人，若能遇见，已足够幸福。这一生，没有什么比结缘更美好的事情，与一朵花结缘，与一丛绿结缘，与你结缘，然后相依相偎，笑看世间万千。也许终有些缘份无从把握，昨日枝头的光阴，也曾红了樱桃，绿了芭蕉，一些人或事，念起或忘记，也都是风景。青山绿水音幽在，不知谁曾抚弦，但总会有一些记忆，暖了这一路的山高水长，纵使隔着岁月，因了懂得，喜悦安生也会常驻心底。

因为懂得，所以慈悲。人世间，有多少牵挂和相知，与风月无关，多少铭心刻骨，终敌不过岁月深远，春花绚烂，曾绽放在谁的指尖？千里明月，曾为谁相思一片？又有多少初见，今生还能再来一遍？回眸间，那些凡尘呓语，也只是参不透的清禅，唱不了的挽歌，曾经十里红妆，芳心暗许，终是一场烟火盛宴，如今写下一程山水，一页诗篇，却早已与相思无染，与懂得有关。

想与你午后听风，沐温暖的阳光，想与你并肩，看同样的风景，有一种懂得，是经过百转千回后的那一抹眷恋，是与你走过长长岁月后写下的那一首诗，是千帆过后你为我写就最安稳的落笔。

光阴，将日子描摹成一朵花的模样，留一抹春色于心底，便会有一隅温暖，收留我的漂泊。许一段寻常的时光，与你在一枚旧词里，用寂寂的字符，写风花雪月，亦写柴米油盐，将最深的情，私藏在心中，安放于最远的天涯。当你在我身旁时，我感到百花齐放，鸟鸣蝉唱。世间浮华，都不及你的陪伴，无论是春暖花开，还是落英缤纷，灵魂的相悦，在爱的原乡，懂你，是最深的情，你在，便是此生圆满。

多少次的回眸，才能让我们在西藏擦肩而过

2015-12-27 拉萨旅游

只身一人离开生活多年的环境去了西藏，多了一丝忧郁，少了一些寂寞。没有离开之前，总是听到许多灵魂旅行者在说，人生就是一次或有或无的旅程，走得太快会丢掉他人，走得太慢会被他人丢掉。这一刻我深刻的体会到了。你是否也想和我一起，重走西藏之路？

望着那些朝圣者，他们一步一匍匐，朝着心中的圣殿行走着。好似永远不会倦怠，双手合十拜天，身子伏地。渐行渐远，一米、十米、一百米……直到到达布达拉宫脚下。他们的眼睛是很亮，心也是亮的。

西藏，只要一看见这两个字，一念出这两个音，心中就会有种神圣的感觉。

西藏，一个任雄鹰翱翔的圣地，一片远离尘嚣的净土，一个头顶三尺有神灵的地方。

西藏，有多少雪峰、经幡、玛尼堆，就有多少虔诚、谦卑、执著。有多少寺院、喇嘛、转经筒，就有多少传说、梦想、震撼。

人生总有无数的机缘巧合，在特定的时间，特定的空间，你这一生中应该遇到的人，应该遇到的事，就会在你的面前一一展开。哪个环节错了一点，哪怕只是一点点，也许今生就再也不会相逢。我不知道，老天的这场安排是对还是错，我只知道，这就是传说中的缘吧，如果是劫，那同样也是躲也躲不过的。

我迷恋西藏的空灵，迷恋那个空气稀薄的地方。

我喜欢西藏有着藏式风情的的书吧。窗台上总是开着一些不知名的色泽艳丽的小花，在微风中摇曳。午后的阳光懒懒的透进来，一杯清茶，一本书，还有藏家阿妹朴实的笑脸，这一切都是那么让人高兴，原来快乐可以如此简单，原来生活在别处！

我也喜欢西藏的山，少了些阴柔，有的只是雄伟和大气。站在海拔四五千米的高峰，需要大口大口的喘气才能呼吸，是频临

死亡的错觉。面对连绵的群山，和漂眇的云雾，在那一瞬间，会迷失了自己，不知身在何处，有一种飞身而下的冲动，就此葬在这里吧，就此葬在这里吧，也许是我前世今生的归宿。

初见纳木错，惊叹于它的丽质天成，它那种不带一丝风尘的美丽无疑是憾动人心和摄人魂魄的。我听到自己极速跳动的心，而我的眼早已是热泪盈眶……

湛蓝的湖水，仿佛海天一色。远处的湖面是安静的，金色的阳光在上面闪动，象有无数的精灵在跳舞；而靠近岸边的湖水却是不安分的，泛着层层的浪花，似汹涌的海潮。我站在那，心里反复想着一句话：心如湖水，动如潮水！

不论旁边有多少和我一样感动着的游人，我确信，这是我一个人的天堂，是心的天堂！

喜欢上一个人或是爱上一个地方，我想是没有理由的，也不需要任何的理由。我的前世是在这个神秘的地方吗？对此，我已不想再去怀疑。我似乎已在圣湖的倒影中看到了那个长发的女子，有着惊世的容颜和天籁的歌喉以及不涉世俗纯真的笑脸，与纳木错一起静静等待了千年，我希望那就是前世的我，我已被蛊惑了，中了它的毒，而且拒绝解药。

有一种感觉叫痛并快乐着，还有一种感觉叫明知痛却舍不得不继续痛，所以痛也就更痛了！而你对于我的好，似乎也是一种药。就像品味一杯不加糖的咖啡，淳香中总是满嘴的苦味，却又留恋回味时一丝若有若无的甘甜，如杯中的酒，眼中的泪，让人迷恋却又无限神伤。

美丽神奇的雪域高原可以平息人的浮躁，给人以淡泊的心境，却无法掩饰内心的愧疚，人在今生能找到自己前世的魂，这是冥冥中的天意，我以此来自嘲自慰却总无法自圆其说，所有不能解释的都交托于一个"缘"字吧！

多少次的回眸，才能换来与你的擦肩而过。我不知道这里在我生命的印迹里曾经残留了什么？在我的灵魂深处那仿佛来自遥远天籁的呼唤，总是深深感动我！当我的双脚踏上这片土地的时候，这里的一切都是那么的熟悉，那么的令人忘怀，仿佛我曾经在这里生活了许久许久……

再过10年，我还会回到这个地方吗？你还会在这里等我吗？我们还会再遇上吗……

*   *   *

不看钧瓷，不知什么才是风华绝代

2016-05-28 美物计

在苍茫的中国历史中，有多少文化留下了岁月深情而韵致的眷顾？传统瓷器，便算是这千年沧桑沉淀的温柔。而其中的钧窑瓷，更是风华绝代，如一曲风雅，惊艳了岁月。

钧窑，起源于唐，兴于宋。因在夏启开国大典的钧台之地烧造，而得名钧瓷。

钧窑十分宝贵，有"钧窑一枚，价值万金""纵有家财万贯，不如钧瓷一件"的说法，就连乾隆也诗赞钧瓷说：

晕如雨后雾霞红，出火还加微炙工。

世上朱砂非所拟，西方宝石致难同。

皇家都说这"西方宝石"都难以比拟，钧瓷到底美在何处？

钧瓷之美，美在造型。钧瓷造型严谨稳健、或自由大气，或清新高雅，或端庄古朴，浑厚大气，体现着古代宫廷的崇高和法度，蕴藉着"天人合一"的哲学境界。

钧瓷之美，美在图案。古诗有诗赞曰"白胎烧就彩虹来，无色成窑画作开"，钧瓷釉面，在高温烧制中，自然流变，形成千姿百态的图形，如旭日东升，高山云雾，峡谷飞瀑，就像国画中的写意，形神兼备，回味无穷。

钧瓷之美，美在釉色，千变万化。青如蓝天，红如海棠、胭脂、鸡血、玫瑰、朱砂、火焰；紫如茄皮、葡萄、丁香，绿如葱翠。有时多种颜色集于一身，因此有"画家笔拙，丹青难绘"之说。

古人曾用"晚霭微茫潭影静，残阳一抹淡流霞"、"烟光凌空星满天，夕阳紫翠忽呈岚"等诗句来形容钧瓷窑变所形成的意象和令人沉醉的意境。

钧瓷之美，还美在其纹理。钧瓷烧造，工艺独特，在色彩斑斓的釉面上，形成千姿百态的纹路，如蚯蚓走泥纹、冰片纹、菟丝纹、鱼子纹等。

特别具有审美价值的是冰裂纹，俗称"开片"。冰片纹开片之声清脆悦耳有诗曰 ："展卷当受益，赏钧眼更新。夜深人静时，开片亦惊心。"这是一种不可多得的审美意境。

所以无论是造型、釉色、质地、纹路，还是音质、意境，钧窑瓷都会让你沉醉！

当你去欣赏一件钧窑瓷时，你又是否留意每一件作品都是独一无二的呢？有时是一种恢弘的气势，有时是一份淡淡的情愫，有时是孤独，有时又是激情……钧窑的魅力便在此。正所谓"钧瓷无对 窑变无双"，世上是找不出一对相同的钧瓷器的。

或许，那魅力的永恒存在，钧瓷艺术既是窑变不可控的神秘，又是传统中国美学思想的展现。中国传统文化中儒家的沉稳大气、积极入世，道家的无为慧智、超脱出世兼禅学等审美意识，都在钧窑瓷中展现着"天人合一"、"道法自然"的境界。

此刻，远离喧嚣，在钧窑瓷悠远的意境中，静静地听一听这千年的绝唱，今

夜为谁而醉？

*　　　　　　*　　　　　　*

隋 展子虔游春图卷 绢本设色 纵43横80.5cm

这是一幅山水画，描绘了人们在风和日丽，春光明媚的季节，到山间水旁"踏青"游玩的情景。全画以自然景色为主，人物点

缀其间。湖边一条曲折的小径，蜿蜒伸入幽静的山谷。人们或骑马，或步行，沿途观赏着青山绿水、花团锦簇的胜境。在波光粼粼的湖面上，一艘游艇缓缓荡漾，船上坐着的几个女子似被四周景色所陶醉，流连忘返。山腰和山坳间建有几处佛寺，十分幽静，令人神往。画家运用细而有力的线条勾画出物象的轮廓，人物虽然小如豆粒，但一丝不苟，形态毕现。山石树木只用线条画出，可以看到行笔的轻重、粗细、顿挫、转折的变化，但尚未见到唐代以后绘画中出现的皴擦技法。----出自【石渠宝笈】

看八大山人的作品，我们是在阅读一颗大孤独、大悲寂的灵魂，如同站立在深秋或初冬的寒风中，枯叶从身边扫过，我们会打一个寒噤。然而正是这一个寒噤，使我们触摸到了八大山人在300多年前的巨大孤独与同等巨大的傲岸，感受到了八大山人在300多年以后仍然散发出来的强烈生命气场。

他笔下的鹰，白眼朝天，桀骜不驯；他笔下的鸟，单足独立，势不两立；他笔下的荷，离根飘零，身世孤凄。最美丽的孔雀在这支笔下，也变得皮塌毛落，丑陋不堪，只剩下三根花翎，暗讥三眼花翎的清朝权贵。世界在他的笔下，只是枯枝、残叶、衰草、怪石、寒江拼凑而成的残山剩水。这其中寄托着一个明代没落王孙的巨大悲哀。八大山人以苍郁悲凉入画。他用大写意手法画出的一枝一叶，都是生命的骨血；他画的鸟啼涧鸣，都是无声的歌哭；他画出的丑石怪禽，都是生命傲岸的写真。

唐冯承素摹《兰亭序》帖卷----冯承素，唐太宗时人。为将士郎，直弘文馆。唐太宗曾出王羲之《乐毅论》真迹，令冯摹以赐诸臣。冯又与赵模、诸葛贞、韩道政、汤普澈等人奉旨勾摹王羲之《兰亭序》数本，太宗以赐皇太子诸王。时评其书"笔势精妙，萧散朴拙"。

唐冯承素摹《兰亭序》帖卷。冯承素，唐太宗时人。为将士郎，直弘文馆。唐太宗曾出王羲之《乐毅论》真迹，令冯摹以赐诸臣。冯又与赵模、诸葛贞、韩道政、汤普澈等人奉旨勾摹王羲之《兰亭序》数本，太宗以赐皇太子诸王。时评其书"笔势精妙，萧散朴拙"。

此帖无署款，传冯承素摹。其用楮纸两幅拼接，纸质光洁精细。卷前隔水有"唐摹兰亭"四字标题，引首乾隆题"晋唐心印"四字，此卷首有唐中宗李显"神龙"年号半印小玺，故称"神龙本"，此并非唐中宗内府钤印，而是后人所添。因元代郭天锡跋云："此定是唐太宗朝供奉拓书人直弘文馆冯承素等奉圣旨于《兰亭》真迹上于双钩所摹"，明项元汴题记："唐中宗朝冯承素奉勒摹晋右军将军王羲之兰亭禊帖"，遂定为冯承素摹本，后来沿袭此说至今。----出自【石渠宝笈】

*　　　*　　　*

东晋 顾恺之 列女图卷（宋摹）

顾恺之（公元四世纪），字长康，小字虎头，晋陵无锡（今江苏无锡）人。义熙初官散骑常侍。博学多艺，工诗赋、书法，尤善绘画，凡人物、佛像、禽兽、山水皆能。时有"才绝、画绝、痴绝"之称。画师法卫贤，行笔细劲连绵，如春蚕吐丝，行云流水，出之自然，画人物尤善点睛。精通画论，著有《论画》、《魏晋胜流画赞》、《画云台山记》等，他提出的"迁想妙得"、"以形写神"等著名论点，对中国绘画的发展有深远影响。据汉刘向《古列女传》第三卷"仁智传"绘制，绘历史上有智谋、有远见的妇女。原文有十五节，图也应为十五段，现仅存十段，每段图的左侧配有节录自《古列女传》的榜题。图中人物衣纹线条紧劲连绵如铁丝，辅以墨色凹凸晕染，衣纹线条可与北魏司马金龙墓出土孝子列女屏风相比较。----出自【石渠宝笈】

微信好文摘录

水低成海，人低成王。圣者无名，大者无形。鹰立如睡，虎行似病。贵而不显，华而不炫。韬光养晦，深藏不露。才高不自诩，位高不自傲。路径窄处，留一步让人走；滋味浓时，减三分请人尝。无病第一利，知足第一乐，平和第一善，心诚第一亲，无忧第一福。

早安分享：人生的痛苦，源于活得太清楚。眼是审美的，结果纠缠在丑中，最后都审了丑；心是收藏快乐的，结果困于计较中，最后都盛了痛。不是生活有多少，自己就要清楚多少。幸福的能力，其实就是取舍的能力和过滤的能力。

中国特色

中国式婚姻——凑合！中国式教育——补课！中国式恋爱——房，车！中国式旅游——上车睡觉，下车尿尿，到了景点拍个照。中国式交通——堵车！中国式父母——啰嗦！中国式浪漫——k歌、吃饭！中国式交情——喝酒！中国式微信——点赞！中国式过马路——凑够一波人就走，从来不瞅车！中国式养生——未病之前不养生，病了之后养医生！太精辟了 ～～

* * *

在这个世界上，有许多声音。有的声音，源于自然，却静于心，如水的叮咚，鸟的啾啾，风的呼呼，叶的飒飒；有的声音，源于尘世，却扰于心，如利益的争吵，繁事的抱怨，命运的哭泣；有的声音，源于灵魂，也融于灵魂，如文字的倾诉，音乐的通透，追求的脚步，信念的讴歌。一切声音归于心，也不尽纳于心。在沉淀中汲取，在凝聚中释放，在摒弃中选择，终究成为一股力量，一种勇气，一种积极向上的生活态度。

一个内心不够自信和强大的人，往往需要靠发脾气来提高自己的气场，这是一种自卑的潜在表现。真正内心强大的人是极其柔软的，善于掌控局面者可做到淡定与从容，高人似水，善利万物而不争，通过抬举和成就别人来修炼自我的强大能量，人成长到某一个阶段，遇到的阻碍并不是技能的瓶颈，而是自我情绪的控制和管理，这是胸怀、格局的直接表现。

*　　　*　　　*

土豆拉一车，不如夜明珠一颗，

我有一个苹果，分你一半，这是友情。

我只吃一口，剩下的全给你，这是爱情。

我一口没吃，直接全给了你，那就是你父母。

我藏起来，对别人说我也饿了，这是社会。

男人只有穷一次，才知道哪个女人最爱你。

女人只有丑一次，才知道哪个男人不会离开你。

人只有落魄一次，才知道谁最真谁最在乎你。

*　　　*　　　*

陪伴，不是你有钱我才追随。珍惜，不是你漂亮我才关注。时间留下的，不是财富，不是美丽，而是真诚，真心，真意！

付出是获得的种子。有人会问：如果只知道利他，那自己的问题该怎么解决呢？其实，在这里有一个秘密，一个只有释迦牟尼佛那样的人才知道的惊天大秘密。那就是：当我们忘记自己，放下自己，一切都为他人着想，付出的时候，我们该有的一切，都会在无形当中源源不断地产生。

当人的整体素质与道德观念失衡的时候，就一定会有大的灾难发生。

无声无息，不一定没有心声；不悲不喜，不一定没有感情。身累了，用沉默去代替一切，或许会有所缓解；心累了，把一切归于沉默，或许会释放自我。人的一生，要么讲究，要么将就。

奋斗不是让你上刀山下火海，也不是让你头悬梁锥刺股。奋斗就是每天踏踏实实地过，做好每件小事，不拖拉、不抱怨、不偷懒、不推卸责任。每一天一点一滴的努力，才能汇集起千万勇气，带着你的坚持，引领你到想要去的地方。早安心语

天道酬勤，地道酬善！

一个人太强势，不管出发点是不是好的，定会受到伤害，这种伤害几乎无法挽回，所以很多人遍体鳞伤，因为不懂得示弱。示弱其实很简单，在关键时听从别人意见，关注感受，情商管理得体，让人合作有安全感。示弱不是妥协，是更快达到目标，是伟大的。学会示弱，做熟透稻谷！

*　　　　*　　　　*

悟放弃

人生就是一个不断选择、不断放弃的过程。有所放弃，才能让有限的生命释放出最大的能量。没有果敢的放弃，就不会有顽强的坚持。放弃是一种灵性的觉醒，一种慧根的显现，一如放鸟返林、放鱼入水。当一切尘埃落定，往日的喧嚣归于平静，我们才会真正懂得：放弃也是一种选择，失去也是一种收获。

悟心境

人活的就是心境。人生的许多变数，取决于天、地、人三才的运转变化，天时地利人和三者俱佳，则凡事自顺。人的一生，小事无数，你能计较多少？人生的大事也只能尽人事以听天命，常人岂能奈何？为小事而常介怀，不值；为大事而常悲戚，不该。所以，对于小事要开心；对于大事要宽心。

悟独处

学会和自己独处，心灵才能得到净化。独处，也是灵魂生长的必要空间，只有静下心来，才能回归自我。心灵有家，生命才有路。只有学会和自己独处，心灵才会洁净，心智才会成熟，心胸才会宽广。独处，是一种静美，也是一种修炼。能够在独处时安然自得，才会在喧嚣时淡然自若。

教你用英语如何说中国传统吉祥话！！

金玉满堂：Treasures fill the home

生意兴隆：Business flourishes

岁岁平安：Peace all year round

恭喜发财：Wishing you prosperity

和气生财：Harmony brings wealth

心想事成：May all your wishes come true

吉祥如意：Everything goes well

国泰民安：The country flourishes and people live in peace

招财进宝：Money and treasures will be plentiful

一帆风顺：Wishing you every success

步步高升：Promoting to a higher position

出入平安：Safe trip wherever you go

郎才女貌：talented guy and beautiful lady

天缘巧合：a destiny given by heaven and a wonderful match

天作之和：a match by heaven

心心相印：a complete meeting of minds

永结同心：to be of one mind forever

相亲相爱：to be kind and love to each other

百年好合：a harmonious union lasting a hundred years

永浴爱河：bathe in a river of love forever

佳偶天成：an ideal couple

百年琴瑟：married couple for a hundred years

百年偕老：(of a married couple) to stick to each other for a hundred years

花好月圆：the flowers are in full bloom, and the moon is full-ideal time for wedding!

另一种风格的清代 通草画！题材稀少 采用西方水粉和油画风格！透视感强烈 光影呼应 层次分明！！更准确的刻画出中国当时的人文山水风光景色！！可见当时中国对外贸易的成就！真的东西 一定是美的 绝不是破瓶子烂罐子！审美不通过 一切不通过！！！

　　＊　　　　　＊　　　　　＊

莫言居然把烟写得这么经典：烟恋上了手指，手指却把香烟给了嘴唇，香烟亲吻着嘴唇，内心却给了肺，肺以为得到了香烟的真心，却不知伤害了自己！是手指的背叛成就了烟的多情，还是嘴唇的贪婪促成了肺的伤心……人生如烟，岁月无痕，烟自多情，却把自己烧的只剩下灰！！

　　＊　　　　　＊　　　　　＊

陈丹青："这是个弱智民族，必然会有更深重的灾难。你看都讨论些什么：文革这么反人类的暴行，还在争论正不正确；还在讨论民主与专制谁好谁坏；饿死几千万人，还在为毛好毛坏争得面红耳赤。这些都是常识，象分辩食物与屎一样容易。"

　　＊　　　　　＊　　　　　＊

没有等到新年，雪就来了。这是波士顿的第一场雪。有几分千呼万唤始出来的惊喜。雪不算大，然而地上都白了。似乎这才找到了快过新年的感觉。因为放假在家，不需要起早贪黑地开车去上班，看雪听雨都有几分闲散慵懒的诗意。早起看到几位朋友在朋友圈贴出的不同的关于竹叶青的文章，想起了碧潭飘雪。这样的天气品茶是再温馨不过的了，特别是喝着碧潭飘雪，是再应景不过了。

记得夏末初秋时去一位朋友家。她喜欢品茶，家里有间房是专门品茶用的。她给我看她收藏的各种茶叶和茶具。最后打开一个精美的茶罐让我闻，沁人心脾的茉莉茶香让人陶醉，她很神秘地对我说：这就是飘雪，我的最爱。我笑了，怪不得这香味那么熟悉。我的儿时好友在竹叶青担任重要职务，竹叶青应该就是他的事业了。朋友对飘雪的认同让我油然而生为发小而骄傲的感觉。

碧潭飘雪，这个名字很形象。淡黄绿的茶水漂浮着白色的茉莉，真像飘雪一般。闻着香喝起来也香。有一种让人神清气爽口齿留芳的感觉。据说碧潭飘雪需要用明前的嫩芽和茉莉花多次回锅混合，有的要混合5次，前面4次的茉莉花在茶叶充分吸收香气之后，全部舍弃，第5次混合的时候，加入鲜茉莉花制成。

我不是一个品茶之人，然而在喝过碧潭飘雪和竹叶青茶之后对茶也就有了几分赏鉴力。像飘雪这样香味纯正清悠高雅的茉莉花应该算茉莉花茶的极品了，难怪我的朋友称它为最爱。

思绪在清香中漫开来。今年因为微信，我的幼儿园的好朋友找到了我。她是我人生的第一个朋友。大家隔着时空"相聚"，有一种悲喜交集的感觉。悲的是这些年渺无音讯，各自走在自己的人生路上，再无了交集。喜的是再次相逢，通过微信能够看到对方的生活，知道牵挂一直都在，也就足够。

闲暇时光用来品味好茶，思念好友，让心情归零，也是一种静修。回望来时的路，聚散皆缘。于我而言，朋友就是一生。

*　　　　*　　　　*

当毕加索第一张抽象画出来的时候，有多少人都在说，这是什麽啊！我儿子都会畫。哈哈，当你看到毕加索早期的作品你就會知道了，他的基礎是多扎实！再看看凡高，馬替斯…他們都有堅實的造型基礎。可现正好多同行都看不到这点，只想掙錢。不追求艺术的真谛。花丽取众。覺得自己的東西是藝術。藝術是高尚的，來不得半点虛。需要的是扎实，痛苦和灵感的结晶。眼高手低，手高眼低都不行.

艺术是沉淀出来，表现出来，共鸣出来的。

外国油画最主要是讲就光线处理，生硬和柔和 透视和线条是决定性的结果！艺术的一切根源 就是审美。而往往美 是在聪慧 勤奋和孤独中产生。美的最高境界 是当自己知道 而别人不知道时…，于是产生了大师！无论是米开朗基罗 梵高 提香 拉斐尔 莫迪里阿尼，伦勃朗用画笔塑造了美 可是他失去了身边的最美（沙仕基娅）后悔终生 ！可见 真正的美需要情感付出 需要上帝给予的爱！！宫廷穹顶花匠 每天用画笔去触摸上帝给予的爱！深情的 忘我的 追随的……！文艺复兴的伟大 至今无人超 原因你知我知……！

*　　　　*　　　　*

男人是哲学，女人是诗。没有诗的哲学是枯燥的，没有哲学的诗是肤浅的。哲学理性而诗感性，男人要想读懂诗，要先弄明白自己的哲学，女人想要理解哲学，就要先明白自己这首诗，深度的哲学只有配上适当韵味的诗才能共鸣，于是最好的不一定适合你，适合你的才是最好的。

*　　　　*　　　　*

君子贤而能容罢，

知而能容愚，

博而能容浅，

粹而能容杂。

一个人比你优秀，尽可以放心交往，因为优秀的人散发正能量！

一个人比你有德行，尽量与他成为一个团队，因为厚德载物！

一个人比你有智慧，尽可安心与他同行，相信智慧能照亮未来！

一个人活的生命比你有质量，尽可用心与他成为知己，生命才有高度与宽度！与智者同行 与善者同频！早安！

他买我淘汰的，我买他走眼的！富的变穷、穷的变富！易道！

遇到你爱的人，学会付出；

遇到你恨的人，学会原谅。

遇到恨你的人，学会道歉，

遇到欣赏你的人，学会笑纳。

遇到你欣赏的人，学会赞美；

遇到嫉妒你的人，学会低调。

遇到你嫉妒的人，学会转化；

遇到不懂你的人，学会沟通。

遇到你不懂的人，学会理解！"

心与心之间多份包容，生命里就会充满温情。然而世间，不是所有的相遇，都能守候成美丽的风景；不是所有的人，都能掏心掏肺的互诉心声。路过的，都是景；擦肩的，都是客；驻留心中的，才是情。友不贵多，贵在知人，知心，知音，知情；情不论久，重在心动，心懂，心同，心诚。

*　　　　*　　　　*

当河流穿越梦境，远方开阔起来，烟霞暮霭是我温柔的期待。

依然在岸上，怀想时光的背面，每次心动的花开。凋零无数，落寞清凉，感伤不忍叹息，不忍摇落岁月的枝头蝴蝶的梦呓。

赠别的时光，恰好在朦胧深处，我们挽留不住细雨濛濛的花季，挽留不住青春少年时，晨曦漪荡的梦境。

面朝大海，只念一个人 。咫尺是多么深邃的距离，像纯粹遥远的蓝，都成眼眸一望无际的碧波。

牧歌之后的小路，湮灭进时间的荒草，忧郁的重量足以把生活放牧到天涯海角。

相思是人群里漂流的孤岛，花开无人，落叶随风，急管繁弦，海市蜃楼，当张开深情的怀抱，只有漫漫黄沙。

玫瑰绽放的时候，爱情已苍老，没有谁能敲响寂寞的暮钟。祈祷会是怎样的怀想，安放得下所有坠落的飞翔。

因为欢乐，日子薄如易碎的泡影，期待与遗忘，谁更贴近温暖的慰藉；因为悲伤，一秒一世纪，春花秋月，谁能懂得凋谢原无季节。

想念一个人，会飞跃千山万水。回忆一段往事，没有一盏灯能照亮归途。问雁儿年年归去，故人可曾老，看柳絮翩翩随风，只惹新人衣。

桃花落满溪的时候，一岸烟柳。正是春波荡漾，细雨行船的好时节，你还不来，忍看月影孤舟，我在岸上朝暮独自徘徊。

*   *   *

这篇文章的结尾说得好："最近几年美国华人参政热情高涨。这是可喜可贺的。但我希望我们参政是因为爱而不是因为恨。我们支持一个政党时没有必要把别的政党描绘成魔鬼。我们为自己族裔争取权益时不应该激化族裔对立。因为这是一个共生共存的社会，任何人或族裔都不可能独善其身。一个和谐与爱的社会才是我们的根本利益。"

*   *   *

长得那么美那么帅气，自己却不知道，这就是气质；那么有钱那么有才华，别人却不知道，这就是修养。"

不与人相比，永远是你自己，你是独特的存在，你是不同的，你是完全独立的个体。这个世界上，能掌管命运的，就是你自己。没有任何人能把你从泥泞中拉起来，只有你自己可以从泥泞中爬起来，没有任何人可以阻止你前进的脚步，只要你愿意往前走。你被自己的理想和梦想指引着走向未来。在这个世界上你不是追随者，尽管这个世界上90%的人以追随结束。请记住，你是来引领这个世界的。俞学敏

你是种子，就必须要长成大树；你是莲子，就必然开成莲花。所以我说，哪怕你被踩到泥土中，你只要是树的种子，早晚会长出来。哪怕掉到瘀泥中，只要你是莲子，就能长出美丽清秀的莲花，并且向蓝天开放。你的生命最重要的目的就是让自我开花，让自己成长。

*   *   *

要错过多少风景才能遇到你！

"不知道这是女人的过错，还是男人的过错，为什么男人是女人的根，为什么女人的幸福非要有个男人？为什么女人总要在男人的怀抱里找安全，这本身就是不安全的！这世界，这大自然，这宝贵的生命，难道都在爱情里凋谢！情本无常物，却执之为恒！悲哀！"

感悟：真正的痛苦是没有人替你分担，怎么走出阴影只有靠自己。

*　　　　*　　　　*

先抓结构，也就是说篆书的结构美要体现出来；然后再抓用笔，或方中见圆、获圆中见方。尤其要注意竖笔、捺笔收锋处，要有形似宝剑的宝剑锋。

"我们记住了达·芬奇、米开朗基罗、拉斐尔或但丁、薄迦丘，却往往不了解音乐在其中的作用。这些对人的灵魂、精神丰满的呼唤，虽然产生在教堂里，却给了雕塑、绘画、建筑、文学一种崇高的血脉。"

*　　　　*　　　　*

"人无癖不可与交，以其无深情也，人无疵不可与交，以其无真气也。"

"知己者，真正知道自己的人，知道芜杂表象之下，自己的灵魂别有洞天。对于灵魂格外深邃的人，知己是个奢侈品。"

"黛玉这样的女子，她的缺失感让你心生怜惜，她的温柔又能给你别人不能代替的甜蜜，她的小性子固然令你烦恼，可是所有让人上瘾的东西，都会让人有一半海水一半火焰的感觉，最后，她成了你睡里也不能忘记的那个人。""相形之下，宝钗太冷静，太现实，无渴望，无缺失。她是闺中良师，是人生指南，帮你领悟，醍醐灌顶，却不是能让你魂牵梦萦的爱人，谁会爱上一本哲学书或是人生指南呢？"

*　　　　*　　　　*

我觉得很多音乐会和画展都可以跟想象力结合起来，不光只是表面上的娱乐。艺术的功能除了娱乐以外，更大在于对想象力的启发，探索看不见的颜色或听不到的声音。

*　　　*　　　*

你拥有一颗悲悯的情怀于万事万物。你保持品行的高贵却又与高贵处平凡得一如脚下的泥土。

优雅的谈吐；得体的衣着；高尚的内心；丰富的情感；渊博的学识；非凡的鉴赏；谦逊的举止；热爱生活，喜爱大自然。谦和而不自卑，高贵自尊而不盛气凌人，节俭而不吝啬，富有而不挥霍，彬彬有礼而不刻板拘谨，随意而不放肆，自然流露而不大肆张扬。

*　　　*　　　*

生活，就是一场场的相遇。在任何时间遇到任何人都是缘分，只要遇上了，便是对的。别管发生什么，你也无错，他也无错，红尘也无错，岁月更无错。我们没有权利去要求别人如何高尚，如何善良，我们只能保持自己不背离善良，不伤害他人，把人生活成一场友善，把岁月活成一场温和，把生命活成一场真诚。

把每一天过好就是最大的幸福，快乐源于每天的好感觉。如果，总忧虑明天的风险，总抹不去昨天的阴影，今天的生活怎能快乐？总攀比那些不可攀比的，总幻想那些不能实现的，今天的心灵怎能安静？任何不切实际的东西，都是痛苦之源，生命的最大杀手是忧愁和焦虑。痛苦源于空虚，生活充实就不会胡思乱想！

一旦一个"体系"成型，它就具备彻底碾压个体的力量，它拥有摧枯拉朽的破坏力，将你同化进它的体制中，丧失了对体制本身的道德性与合理性的判断。

琉璃之美，存于光影游戏之间，流于人物灵犀之巅。影有影意，却令光愈加曼妙；人有人情，却使物更具灵性；铸舍刻意，玉竟得气息之趣；琢舍繁复，器竟现悠然之乐。和谐之美，是谓大美。取舍之意，是谓大得。

在一秒钟内看到本质的人和花半辈子也看不清一件事本质的人，自然是不一样的命运。

＊　　　　＊　　　　＊

古典主义，作为一具行将就木却又老而不死的僵尸，得给它刨个坑埋了！

艺术的核心在于每个时期的人性基于当时社会环境及意识形态压制、约束所寻求的反制。也就是——人性解放。

所谓"现代性"即用理性将人性从神性里进一步解放，而在那个时代，只有印象派的作品，承载了这一精神诉求。

成为音乐的朋友，你就能找到升华灵魂的力量！

我画太阳时，我想要人们感到它以惊人的速度在转动，放射出巨大的光和热。我画一块庄稼地时，我要人们感到谷种里的胚芽在萌动，在急剧生长。我画苹果时，要人们感到果汁要溢出来，果核里的籽正拼命往外钻，要开花结果。

＊　　　　＊　　　　＊

原来一朵葵花可以开得如此哀艳，像是用鲜血浇灌的，像是要把整个身心都燃起来。

与其慵懒地活着，不如极尽地绽放，与其衰落被人哀怜，不如迅疾地消逝，留下身后一地的灿烂。

在日本民间，甚至将武士比作樱花，这原本是两个完全不相干的物介，却在精神世界的瞬间与永恒上达到了某种契合。

樱花这种极致的美丽，突显了它的决绝与热烈，短暂的美丽似乎很脆弱，却带给人毅然、决然的撕裂与震撼

那种水晶一样玲珑剔透的美，将岸上的实与水中的虚，将花事的繁密与灯光的婉转，全部化作了一场唯美的邂逅。

＊　　　　＊　　　　＊

器物之美如人生，有时厚重才显贵重，有时脱胎化羽方成蝶，关于漆器，与所有轻盈之美一样，它终成精灵，却如幻如电，如果伸手抓不住，就要感恩它曾在人间美丽过！

平庸之辈是俄罗斯兽角乐器，需要凑在一起才能吹奏音乐

思想丰富之人是踽独自演奏的一架钢琴，本身就是小型乐队

上流社会参加社交聚会需要把自己变得平庸

在泛泛和平庸的社交聚会中，人们对充满思想见识的谈话绝对深恶痛绝。

具有深度的交谈和充满思想的话语只能属于由思想丰富的人所组成的聚会。在泛泛和平庸的社交聚会中，人们对充满思想见识的谈话绝对深恶痛绝。

叔本华：自身具有非凡思想的人，是不需要与别人拥挤在一块的。

当我四十岁的时候，身体健康，略有积蓄，已婚，丈夫体贴，孩子听话，有一份真正喜欢的工作，这就是成功，不必成名，也不必发财。——亦舒《地尽头》

没有经过命运搏杀的温柔只是天真，真正的温柔是女人的一种处世能力，真正的强大是女人的一种生活热情，闪烁着纯真而坚韧的光，并且永无磨灭。

*　　　*　　　*

转微友陈武景评论：

刘影钊老师的作品怀旧而不迂腐，通透而不失细节，层层罩染刻画，一遍一遍，静静的享受着孤独的灵魂放射，直至圆融的境地诠释内心东方的情怀，以造画面安然静穆，和谐天成。不愧是"中国式静物"油画的创始者！

*　　　*　　　*

书斋的雅昧有三：

一为，书斋之贵，在于养性明志，使人品格高尚；

二为，书斋之妙，在于通天接地，使人心驰神游；

三为，书斋之静，在于隔绝尘世，使人心宁神静。

很多时候我们放弃，以为不过是一段感情，到了最后，才知道，原来那是一生。

这就是一个人的魅力，而这种状态却是从一个个体生命里散发出来的，是多么神奇的事情。人与人交往是有节奏的，产生共振才是相匹配的气场。

没有什么乐器的音色比萨克斯更适合表达纪念与怀旧的情感，它是那种沁入骨髓的那种情感。悠长而又悠扬，浓浓的深情寄托在略显沙哑的声音中。伴奏声非常好，柔化了萨克斯的尖锐。然而正是这种尖锐必不可少，它能刺穿我们厚厚的保护壳，震撼着那颗孤独的灵魂。

*　　　　*　　　　*

当今全球的大学已经远远落后于时代的精神，它们的保守性主要表现在教育的"游戏规则"错了。大学数百年以来的游戏规则都是玩的"知识游戏"，一切以"知识为中心"，课堂上传授的是知识，考试是背诵知识，评价人才优劣也是以考试成绩高低来衡量。因此，我们必须以一种新"游戏规则"代替"知识游戏"。

在人类历史的各个时期，富有大智慧的人始终是极少数，其他人不是不能成为有智慧的人，而是他们缺少了成为大智慧人所必需的理想和执著精神。同时，一个国家必须摒弃一刀切的平均主义思想。一个人有接受教育的权利，也有放弃教育的权利，教育的悲剧之一就在于对不愿或不适合学习的人施加压力而造成的。一个人成为一个什么样的人，是每个人的自由选择，万万不能强制。但是，一个民族必须在各学术领域滋养出一些大智慧的人物，以引领和提升全民族的智慧。这是穷究终极真理的需要，也是人类自我救赎的需要，理想大学应义不容辞地承担这个使命。

她的人格、精神力量、以及纯粹的心灵，早就超越了任何文化属性和人性的存在，她是全世界所有爱与美的化身，她将永远是我们学习的榜样！

阳光在帕米尔高原上闪烁，它是消融冰雪的炽热，是百花竞放的甜蜜和芬芳。它是冰川崩溃的惊心动魄，是雪峰下滑的势不可挡；是小溪解冻的欢畅，是种子破土的希望；是红梅踏雪的笑傲江湖，是玉兰绽放枝头的明朗，是桃花笑春风的逍遥，是红杏出墙的妖娆，是烟柳皇都的繁华，是油菜花金灿灿的辉煌。它让四月的蔷薇香满篱笆，五月的麦海翻起金色的波浪，六月的渴望长满池塘，八月的金风弥漫桂香，十月的金秋瓜果飘香。

* * *

阳光是绚丽多彩的，它是春兰的淡雅，夏荷的羞涩，秋菊的泼辣，雪松的坚贞。它是绿柳的清新，修竹的青翠，枫林的晚景，冬雪的浩莽，大海的湛蓝，草原的苍茫。

阳光是生长的梦想，是万物生机盎然的渴望。它让春花鼓起梦想的子房；它横扫荒野，滩涂换上新装；森林的势力四处扩张；藤曼的爱情反复纠缠；枝桠的情感顺理成章；长春藤的梦想延伸的卷曲灵秀，凌霄的美丽借势宣扬。悄然萌蘖的麦苗，孕育丰收的欢乐；江南整齐的秧田，抒写希望的诗行。自然的阳光让大地充满了生机，而心灵的阳光则让人生满怀希望。

"采菊东篱下，悠悠见南山"是喧嚣中的阳光；"安能摧眉折腰事权贵，使我不得开心颜"是骨气的阳光；"人生自古谁无死，留取丹心照汗青"是气节的阳光；"一蓑烟雨任平生"是风雨人生的阳光。梵高是艺术生命的阳光，海伦•凯勒是黑暗世界中明媚的阳光，梭罗是瓦尔登湖上诗意的阳光———

它是"行到水穷处，坐看云起时"的恬淡，是"明月松间照，清泉石上流"的静谧与幽深，是"曲径通幽处，禅房花木深"的神秘与安详。傍晚，晚霞吻着夕阳，青山荡漾在水上，披着金灿灿的晚装，我还在追逐阳光。

落霞与孤鹜齐飞，秋水共长天一色。

*　　　　*　　　　*

你的快乐，与别人无关

人生的快乐在于我们对生活的态度。快乐是自己的事情，只要愿意，你可以随时调换手中的遥控器，将心灵的视窗调整到快乐频道。持续的快乐来自内心深处的精神快乐，我们之所以生活得比较愉快，是因为我们学会了放大美好。学会快乐，即使难过时，也要微笑着面对。

*　　　　*　　　　*

每个时代必须通过创造力来证明自身的历史贡献。

艺术和科学不同，科学借助人类的理性反映客观世界的规律性。艺术借助人类的感性反映世界，包括客观和主观的世界。科学更多的是"发现"，而艺术更多的是"创造"。艺术是人类心里真实情感的反映。

*　　　　*　　　　*

气质之美与其说是来自内心的修养，不如说它是来自一种对美好事物的欣赏能力。

"小轩窗，正梳妆，相顾无言，唯有泪千行。窗户封闭了自己，却连通了世界，窗户也许只是房间的一个角落，在中国人的眼中却成为打开心灵的开关，隔窗而望是世间桃源，临窗而立是岁月人生，窗是中国人浪漫的描画。"

国画大师黄宾虹曾说："唐画如面，宋画如酒，元画以下，渐如酒之加水，时代愈后，加水愈多，近日之昼，已经有水无酒，不能醉人，薄而无味。

"因为孤独中其实还有一人，那是真正的自己，与另一个自己对话，如同与孤独恋爱。

*　　　　*　　　　*

"什么样的民族就有什么样的社会，什么样的社会就有什么样的文化，什么样的文化就有什么样的"艺术"，什么样"艺术"自然就出现什么样的大湿. 反正有骆驼不说马，厚脸皮也是艺术，其实什么都无所谓，有人买单就行。"

家

原本是最有爱的地方

却可能因为那些过格的欲求而离散

当人们去追求不属于自己的

金钱和权利时

命运就会让人们拿自己最珍贵的东西做代价

当金钱和权力终于握在手中时

人们才在痛悔中发现

原来自己在不知不觉中

失去了生命中那些无法挽回的可贵

突然发现自己的心没有归属感

这是生命的至痛点

慧田哲学注：生命离开欲望，就不是生命，而是死亡，如果生命是神圣的，那么欲望也是神圣的，满足欲望就是神圣的，谈论神圣的东西并不会玷污智慧。

一名纳粹集中营的幸存者，在二战后成为美国一所学校的校长。他告诫自己的同行："我在集中营曾亲眼目睹最惨烈的悲剧：毒气室由学有专长的工程师建造；妇女由学识渊博的医生毒死；儿童是由训练有素的护士杀害。所以我觉得教育的目标首先是，帮助学生成为具有人性的人，这是教育的根本。

幸福的婚姻把男人变成庸人，不幸福的婚姻把男人造就成哲学家、思想家、诗人、和战争狂人。

＊ ＊ ＊

瓠犀发皓齿，双蛾颦翠眉。

红脸如开莲，素肤若凝脂。

一个好的制度可以使人的坏念头受到抑制，而坏的制度会让人的好愿望四处碰壁。建立起将结果和个人责任和利益联系到一起的制度，能解决很多社会问题。

收藏是一种心灵感受并融入历史文化和自然的寻根过程。一件古物，无论其保存完整亦或残缺破碎，它那深厚的历史文化积淀、沉穆朴拙的艺术风貌，都会给我们传递远古先人的非凡的创造力和活动轨迹，因而令人心灵怦动。在收藏圈中，你会发现一个非常有趣的现象，在这里，只有"眼力"是最受尊重的，没有身份、地位高低贵贱之分。

*   *   *

很多时候，我们只看到事物的片面就急于判断，可这样得出的结论往往武断且局限。多一点耐心，多了解一些细节，也许我们离真相的距离能更近.

在苍茫的中国历史中，有多少文化留下了岁月深情而韵致的眷顾？传统瓷器，便算是这千年沧桑沉淀的温柔。而其中的钧窑瓷，更是风华绝代，如一曲风雅，惊艳了岁月。"钧瓷之美，美在造型；美在图案；美在釉色；美在纹理。"钧瓷无对 窑变无双"。

观赏宋瓷，如同悟道。

*   *   *

在美国，你的生活方式和思维方式，比任何一个其它地方都更能摆脱来自社会群体的压力，这是又一个非常、非常重要的自由。而这个自由给人带来的幸福指数是非常高的。

*   *   *

犹太人远祖是希伯莱人，曾先后建立希伯莱王国及以色列王国，但这两个王国先后被亚述人征服和被巴比伦人灭亡。罗马人入侵后，大部分犹太人被赶出巴勒斯坦，流亡欧美各国。其后，以色列又分别被阿拉伯帝国占领和被奥斯曼帝国吞并。19世纪末，欧洲犹太资产阶级发起"犹太复国主义"运动。1948年5月14日，经过了风风雨雨的以色列国正式成立。以色列人终于可以用古老的希伯莱文在自己的国徽上写下值得他们骄傲的国名。圣经中关于以色列复国的预言终于实现了。

*　　　　*　　　　*

论说："芳草为伍，郁志秋江，名山摇落，伤心迟暮，人各有情，何能已已，弹此操，一遇哀怨离愁，无端交集。"

百花发时我不发，我若发时都吓杀

要与西风战一场，遍身穿就黄金甲

学术此时已经成为官场运作的一部分，所有学术规则都被官场运作规则所取代。

*　　　　*　　　　*

谢霆锋和王菲下个月大理完婚，再次证明了四点不变的营销真理：

一、不要随便轻易放弃任何一个客户，哪怕他在别处已经成交。

二、任何一个已经在别处成交的客户，说不定哪天又会在你这里成交。

三、维系老客户确实比开发新客户来的更容易更轻松。

四、即便客户已经与他人签了长期或终身合同，只要你的产品足够好、服务足够好，客户还是会被你吸引回来的！

*　　　　*　　　　*

那些真情满满的日子，岁月的车轮已经驶过它，心田总有星熠其辉，那是至情致盛的甘甜，温柔了岁月和走过岁月的自己，小号的悠扬，一如家乡清晰的早晨，朝阳、晨露、时而飞翔时而低落的小鸟，和泛着泥土香味的田野，家乡的山，都在这悠扬中开启了一天的劳作，美；萨克斯低沉的起音，在小号悠扬的衬托下，似历经沧桑的老人，沉思过往，沉淀精华，心中仍怀着小号悠扬传达的希望，活在希望里，日子就会是那样温馨，有着唯美的味道，小号和萨克斯绝美的组合，似人生朝暮，那真的是唯美的曾经，珍惜，珍重，好听，好听，好听！

*　　　　*　　　　*

天空没有翅膀的痕迹，但我已飞过。人生的意义不在于留下什么，只要你经历过，就是最大的美好，这不是无能，而是一种超然。——泰戈尔《流萤集》

两难和抉择才是希腊悲剧的精神所在。

一个文明和直接功利之间的距离决定了这个文明的高度。

男人糊涂一世但在热恋时绝对精明；

女人精明一生但在热恋时特别糊涂。

＊　　　　＊　　　　＊

收藏不但是一种职业，一种爱好，更像是一门修持。要修持"得道"，必须要有眼力、财力、魄力，并要内外贯通，合理运用。

＊　　　　＊　　　　＊

这是人类历史上第一次不依靠外在压力，仅仅依靠内心的道德力量就自觉放弃了在为公众服务的过程中聚集起来的权力。这就是这几分钟的意义，也是华盛顿对世界的意义！

＊　　　　＊　　　　＊

汝窑，中国北宋时期主要代表瓷，五大名窑之一，因产于汝州而得名，以其工艺精湛，造型秀美，釉面蕴润，高雅素净的丰韵而独具风采，在我国青瓷发展史上，是一个划时代的重要标志。

＊　　　　＊　　　　＊

当河流穿越梦境，远方开阔起来，烟霞暮霭是我温柔的期待。

依然在岸上，怀想时光的背面，每次心动的花开。凋零无数，落寞清凉，感伤不忍叹息，不忍摇落岁月的枝头蝴蝶的梦呓。

赠别的时光，恰好在朦胧深处，我们挽留不住细雨濛濛的花季，挽留不住青春少年时，晨曦漪荡的梦境。

面朝大海，只念一个人。咫尺是多么深邃的距离，像纯粹遥远的蓝，都成眼眸一望无际的碧波。

牧歌之后的小路，湮灭进时间的荒草，忧郁的重量足以把生活放牧到天涯海角。

相思是人群里漂流的孤岛，花开无人，落叶随风，急管繁弦，海市蜃楼，当张开深情的怀抱，只有漫漫黄沙。

玫瑰绽放的时候，爱情已苍老，没有谁能敲响寂寞的暮钟。祈祷会是怎样的怀想，安放得下所有坠落的飞翔。

因为欢乐，日子薄如易碎的泡影，期待与遗忘，谁更贴近温暖的慰藉；因为悲伤，一秒一世纪，春花秋月，谁能懂得凋谢原无季节。

想念一个人，会飞跃千山万水。回忆一段往事，没有一盏灯能照亮归途。问雁儿年年归去，故人可曾老，看柳絮翩翩随风，只惹新人衣。

桃花落满溪的时候，一岸烟柳。正是春波荡漾，细雨行船的好时节，你还不来，忍看月影孤舟，我在岸上朝暮独自徘徊。

＊　　　　＊　　　　＊

我没有靠山，自己就是山！我没有天下，自己打天下！我没有资本，自己赚资本！这世界从来没有什么救世主。我弱了，所有困难就强了。我强了，所有阻碍就弱了！活着就该逢山开路，遇水架桥——生活，你给我压力，我还你奇迹！

致所有在路上的创业者。

＊　　　　＊　　　　＊

有才而性缓，定属大才；有智而气和，斯为大智。

"这是人类历史上第一次不依靠外在压力，仅仅依靠内心的道德力量就自觉放弃了在为公众服务的过程中聚集起来的权力。""这就是这几分钟的意义，也是华盛顿对世界的意义！"

（下面是微信群友的诗）

要错过多少风景才能遇到你
作者：西子

有时候
即使眼睛看不到的东西
心也会体会到
也会深刻地品尝到

当某些东西
深深地刺痛我们的心灵时
我们的眼睛
也会跟着一起疼
一起莫名地酸胀

我以为一首柔软的小诗
可以洗去相思掠过的痕
谁知道它们
在夜色里越聚越浓
我终是驾驭不了它们

要错过多少风景才能遇到你
要经受多少折磨才能忘掉你
当心爱的东西失去时
又有哪一颗心
能够持一份坦然从容

辗转难眠的深夜
总有一些什么来势汹汹
不可逃避，不可抵挡
蔷薇花盛开的时候
能否与你牵手
走过每一个大街小巷

假如人生不曾相遇
该有多好
我的寂寞里就不会多了
一抹疼痛的况味
可是如果没有
这样的一份疼痛存在
我的人生又因何深刻

尘路匆忙
我们不得不把某些人
像尘埃一样
无情地丢弃在了路上
把一段往事深深地掩埋
就像掩埋了
自己生命最真实的一部分
……

春来只为一人赋
作者：周 塬

你从平仄押韵中
悄悄的走来
走出脱俗的美
走出空灵的美
那美
醉了风
醉了雨
也醉了春天中
我和你

等你
在春天中
我等来了风
我等来了雨
这个春天
也许我等来你
那就是你
这个世纪的
柔情和诗意

记住
你来不来
我都会等你
春在等你
我在等你
四季在等你
今生我在等你

若是时光不老，有你在该有多好
作者：雁儿 & 赵彬

若是时光不老，有你在该有多好
我的手牵着你的手
我的手心对着你的手心
在时光里聆听
一颗心与另一颗心对话

我枕着月色想你
在草地上
在小河边
在小树林

我默默念着你的名
在雨季到来之前
把你写入诗行
把你藏进心房

若是时光不老，有你在该有多好
我在风里找寻
你的影子
我向云呼喊
你在何方

如果风知道
我的思念
如果云知道
我的眷恋
在这美好的时光里
我愿意
是你今生的伴

若是时光不老，有你在该有多好
风吹过脸颊
倾听花絮漫过柳帘

一帘月光下
青涩的藤爬满了相思

一场没有结局的花开
一个故事成了回忆
在雪花飘落的冬季
从此与你在梦里相遇

一场相遇的花事
总是那样的美丽
留下无数个回忆
时常重叠在我的梦里

每个缠绵魂牵的梦呓
都是我念念不忘的唯一
约你深种一片新绿
开出一朵含香的花语

那些吟唱的诗句
落满了谁的期许
想写一首含香的诗句
还原昔日花开的美丽

任光阴刻满回忆
留一个梦与你相依
梦醒
便是散落天涯的距离

若是时光不老，有你在该有多好
流年催人老兮月生寒
枯木又逢春兮百花绽
此去经年，细水东流远

天涯相望几人怨
一曲儿女情长琴弦断
望眼欲穿，朝朝暮暮衣渐宽
谁人解相思扣

在 春 天 等 你
作者：西游坛主

在春天等你
等来了柔和的风
我等来了细腻的雨
你来不来
我都会等你

等你
在江南水墨画中
天青色等来了
烟雨朦胧
湖碧波等来了
惊鸿照影
亭台里等来了
草色遥看近却无
我是否在山青色中
能等到你的身影
我是否在绿色梦中
能等到你的笑容

春风飘起了
你的长发
春风抚绿了
树梢上的嫩芽
天上的云在驻足
它在等一场雨
我也在等这场雨
等雨中与你浪漫邀约

缠绵细雨润醒了
昔日沉醉笑容
如墨淡染了
一张宣纸风情
那地上燃烧的绿
也摇曳成一道风景
也许隔岸的花开

是你在等我
我要划一叶小舟
去赴你的约会

感觉那朵
开得最芬芳的
就是你
那淡淡的清香
是你许给我的味道
那粉嫩的花瓣
是你青春时的美丽
花绽放的
是我们曾经的记忆
雨忧伤的
是我思念的泪滴
我要把这个
瞬间凝眸
永远记在心里

等你的是思念
等我的是花开
时光在刹那
与永恒间不停的穿梭
隔着风，隔着雨
即使隔了半个世纪
对两颗相爱的心来说
都不是距离
永远不是距离

在风中等你
在雨中等你
终于在春天等到了你
你像一首唐诗宋词
水佩风裳中
带着风骚和忧郁
你像一首怀念的诗歌
古典中蕴藏着
现代的时尚和美丽

念你别来无恙

作者：张奎山

当容颜老去
光阴留不住你的婉约，
当一切成为旧事，
岁月承载不住梦的凋零。
你还会不会，
保留一份执念，
容我奔赴你的心间。

当流年似水，
生命轮转于你的空灵，
当往事如烟，
生活静止于你的清欢。
你还会不会留下一场梦的间隙，
让我滞留于你的安然。

所有的承诺和誓言，
已经不再重要，
只要一颗心，还在就好。
那样，我们就可以守着月光
等着旧时的风花雪夜，
再来一次长情的告白。

所有的希望和梦想，
都会是为你祝福的途径，
只要有你在就好。
那样我们就可以
一起读着旧时的情诗，
品味老时光。

一定要把小屋所有的角落
都印刻上我们的影子，
那样，
就再也不必担心有一天的离去，
希望每朵花蕾都是你的名字。
在每一个黄昏午后
为你悄然绽放。
只保留那些最简单的我们的故事，
坐在长椅上一起说，一起讲，
重复了一遍又一遍也如昨天一样。

念你，别来无恙，
请等待我，许你地久天长。
我愿意陪你度过所有时光，
当秋风起落叶黄。
任凭所有细碎的往事，
粒粒归仓。

陋室空堂

陋室空堂，当年笏满床，衰草枯杨，曾为歌舞场.

蛛丝儿结满雕梁，绿纱今又糊在蓬窗上.

说什么脂正浓，粉正香，如何两鬓又成霜？

昨日黄土陇头送白骨，今宵红灯帐底卧鸳鸯.

金满箱，银满箱，展眼乞丐人皆谤.

正叹他人命不长，那知自己归来丧！

训有方，保不定日后作强梁.

择膏粱，谁承望流落在烟花巷！

因嫌纱帽小，致使锁枷杠，昨怜破袄寒，今嫌紫蟒长：

乱烘烘你方唱罢我登场，反认他乡是故乡.

甚荒唐，到头来都是为他人作嫁衣裳！

QQ文摘

朱令背后的正义力量

　　正义是一个崇高的概念，是人类的所有行为追求的最终目标，正如亚里士多德说伦理学关乎个人的善，而政治学关乎城邦的善，城邦的善关乎整个社会的利益，故而是最高的善，是一切其它科学的最终目标，而这种善就是正义。人们有一种错觉，即把正义看做很抽象很遥远很理想的东西，所谓理想就是很难实现的东西，所以人们往往被哲学、文学、艺术、小说、影视作品里描述或虚构的正义故事感动得热血沸腾、泪如雨下，而到了现实生活中又随波逐流。人们没有意识到，其实正义是最现实的了，你在每一次拒绝做伪证、敢于讲真话、拒绝红包的时候就是在实现正义，个人的行为虽然没有轰轰烈烈的影响，但没有无数个人的努力，正义就真的成为空洞的理想了。

　　朱令事件真正折射出的正是这种现实的正义。这一事件已经过了漫长的十九年，这是一个什么概念，大的方面说，正是经过了一个时代，从个人角度，我们70年代的人经过了从青年向中年阶段的转折。十九年世事沉浮、许多事情变了、被历史遗忘了、抛弃了，但大家没有忘记朱令，正义的呼声反而越来越多、越来越响，大家感受不到呼声背后正义的力量吗？十九年间，浮华逝去、铅华褪尽，沉淀下的是理性与正义。黑格尔认为理念是历史的本质，纷繁复杂的历史现象和历史事件都是过眼云烟，只有贯穿于历史中的自由与正义的理念才是历史的本质和决定人类历史走向的真正力量。经过这十九年，我们从朱令事件中感受到的正是这种正义的力量。

　　正义不是那么抽象遥远的，而是具体现实的，她就在朱令父母为了使她有尊严地活着而每天无微不至地照顾中，在他们不离不弃的无疆大爱中，在真正关心朱令的同学、朋友为挽救她的生命四处求助、奔走呼号中、在志愿者们为朱令的治疗和康复所做的无私奉献中、在无数素不相识的有良知的人们的关注与支持中。他们中间的绝大多数都默默无闻地做着很繁劳、具体乃至琐细的日常工作，人们往往不能直接把这种工作和正义联系起来，其实恰恰相反，正义恰恰存在于这些具体的工作当中，如果没有他们的支撑，正义只能变成空中楼阁。如果我们以前还意识不到这些具体而微的工作的价值，那么经过十九年的考验，我们可以充分肯定，每一份辛劳和付出中都饱含着正义的力量。

正义与良知已经支撑着人们坚持了十九年，再来十九年又何妨！十九年的漫长艰辛的苦难历程已经清楚地显示：有良知的人们对朱令的每一份关注、每一份支持、乃至每一声鼓励都是在实现着正义！ 让我们把目光放长远些、广阔些，设想一下，人们在又一个二十年、五十年、一百年后会如何看待朱令，我想那时的人们对凶手的名字早已不屑去提或早已不屑注意，因为它是什么已无足轻重。人们记住的是朱令在前二十年短暂的人生中创造出的美丽和灿烂，是一个以个人的勤奋努力、积极进取、聪颖美丽创造了自己人生辉煌的现代女性；而在她的后二十年，人们会记住她那在与剧毒抗争中超出常人的顽强的生命力，当然还有朱令父母无私的爱，众多有良知的人们的支持与关注，后人记住的会是在这一过程中闪现出来的人性的光辉。就个人遭遇来说，朱令是不幸的，但就她的遭遇对世人的启示看，她已成为我们时代精神的一部分。而那时肯定有很多法学家、伦理学家、社会学家、文学家、社会学家、教育学家会来对朱令事件进行反思，把其中包含的正义与良知充分彰显出来。

马未都的文章----第九百六十六篇·旧案
朱令案旧案投毒杂谈　2013年5月8日

大多数旧案都会在人们记忆中渐渐淡去，淹没在历史的风尘之中。朱令案旧事重提并引发社会强烈关注，关键是朱令今天还活着，但她不能开口说话，不能判断自己的生活状态，不能展现她曾有的技能与风姿，而罪犯至今逍遥法外。

世间的残酷就在于此，人之恶总要超越人之善。善恶之间，善要修炼，而恶则是本能。尽管人在成长中的环境很重要，"蓬生麻中，不扶自直"，但仍有人按捺不住心中那个无处不在永远冒头的魔鬼，随时可能任其实施罪行，让世间倾斜。

朱令的投毒者显然灵魂大幅度倾斜，没能按住灵魂中的魔鬼，任其纵恶。十九年来，投毒者一直藏在暗处，忐忑不安地看着这个社会的态度，纵恶时的狞笑已变成长久的煎熬，令其不敢面对这个永远讨伐恶者的世界，尤其网络，让所有对此案愤怒者都有机会宣泄，表达个人对这个社会理解。

我想，除投毒者最清楚此案外，还应该有当年介入者能够全部或部分知道案情，只是慑于某种权力或碍于某种情况无法将实情和盘托出。朱令母亲说，没有人跟她说过此案结了。十九年来，老父老母为女儿所做的一切就是默默地为她减轻痛苦，以其抵御这肮脏的社会。朱令母亲说，待我们走时就带女儿一起走了。这语言的表达已不能用心酸描述，它象一把手术刀，一刀刺开了这个社会千疮百孔而且溃烂的皮肤。

陈年旧案比新案影响力还大，成为今天中国极为特殊的社会现象。许多案发时还是孩子或者刚出生的人都义愤填膺地紧紧咬住此案，期望重查，是我们社会尚存的可贵的正义感。可我们今天还没有看到任何官方态度，即便此案不能或无法重查，官方也应该把当年办案的要点、程序公诸于世，这才能对朱令，对天下人有一个交代。

*　　　*　　　*

希拉里在美国哈佛大学演讲，对将来的中国进行预测：20年后，中国将成为全球最穷国家。她给出的依据是：1、从申请移民的情况看，中国90%的高官家属和80%的富豪已申请移民，或有移民意愿。一个国家的统治阶层和既得利益阶层为什么对自己的国家失去信心？很令人费解！2、中国人不了解他们应该对国家和社会所承担的责任和义务…。3、中国人是世界上少数没有信仰的可怕国家之一。全民上上下下唯一的崇拜就是权力和金钱，自私自利。4、人民大众过去是权力的奴隶，演变为金钱的奴隶。这样的国家如何赢得尊重和信任?5、大多数中国人从来就没有学到过什么是体面和尊敬的生活意义,唯有获取权力或金钱就是生活的一切,就是成功。全民腐败、堕落、茫然的现象,在人类历史上空前绝后!6、肆无忌惮地对环境的破坏、对资源的掠夺,几近疯狂。这样奢靡、浪费的生活方式,需要几个地球才能供给?---以上充满敌意的极端的言论有些偏颇、但确也令人震惊!更值得深思!有正能量关心民族强盛的朋友们,多多转发。

感谢希拉里,她虽然是不怀好意的警告我们,但客观是说在点子上的,我们民族应该醒一醒了! ---你怎么看?

*　　　　*　　　　*

人与人,写的真好,必须要转!

1、人在的时候 ,以为来日方长什么都有机会, 其实人生是减法, 见一面,少一面。

2、别人怎么看你, 和你毫无关系, 你要怎么活 ,也和别人毫无关系。

3、面子到底多少钱一斤,我们为什么要在乎别人的看法。

4、有一天你会明白,善良比聪明更难。聪明是一种天赋,而善良是一种选择。

5、不闻不问不一定是忘记了,但一定是疏远了,彼此沉默太久就连主动都需要勇气。

6、不要在心情糟烂差的时候, 用决绝的话伤害爱你的人。

7、有时候,没有下一次,没有机会重来,没有暂停继续。有时候,错过了现在,就永远永远的没机会了。

8、用心甘情愿的态度, 去过随遇而安的生活。

9、所有的问题都是自己的问题。

10、有时候,我们明明原谅了那个人,却无法真正快乐起来,那是因为,你忘了原谅自己。

11、一个人有生就有死,但只要你活着,就要以最好的方式活下去。可以没有爱情, 没有名牌,但不能没有快乐。

12、其实,人都是很贱的,爱你宠你的人你不稀罕,对你冷若冰霜的却是穷追不舍。最后搞的遍体鳞伤的还是自己。

13、不要的东西， 再好也是垃圾。

14、真正的牛逼不是你认识多少人，而是你患难的时候还有多少人认识你。

15、那些不需要解释的事情， 从你张嘴那一刻起 ，你已经输了。

* * *

吕宁思：中国古诗最讲究意境，寥寥数字就能够通过周遭的景致表达出诗人当时的思绪，而我们当代的网友们也是十分有才，他们只要在这个诗的最后一句，把最后一句改成两个字就能够传达他们自己的思绪，从而也把这些文学经典改得面目全非，使古诗变成了三句半。

第一，锄禾日当午，汗滴禾下土。谁知盘中餐，有毒；

第二，白日依山尽，黄河入海流。欲穷千里目，有雾；

第三，日照香炉生紫烟，遥看瀑布挂前川。飞流直下三千尺，A股；

第四，栏玉砌应犹在，只是朱颜改。问君能有几多愁？要拆；

第五，月黑雁飞高，单于夜遁逃；欲将轻骑逐，限号；

第六，月落乌啼霜满天，江枫渔火对愁眠。姑苏城外寒山寺，停电！

这些幽默中的苦涩真是让人哭笑不得了。

* * *

纽约时报：中国混乱，世界无力承受

世界很难承受中国出现混乱转型的结果。美国受困于缓慢的增长，欧洲陷入停滞，阿拉伯世界正从内部崩溃，而中国一直是全球经济的重要引擎。如果中国增长乏力、就业率走低，再加上对腐败官员——还能捞的时候他们就会赶紧捞——日益增强的不满，我们将看不到中国的平稳过渡。倘若人类总数的六分之一要开始经受混乱而迷茫的政治与经济转型，世界都将为之震动。

假如中国记者、博客作者、公民团体，当然还有那些被互联网赋予了力量的情妇们，能够揭露腐败行为，继而不仅让转型显得必要，而且使之成为可能，那么这将是一件大好事。但是，这些高尚的公民社会参与者要想成功，就必须在共产党内部找到盟友，必须赋权给那些了解失控的腐败对稳定及党的未来构成威胁的党内同志。

纪英男和范悦的故事娱乐性十足。但是，如果这只是为中国带来动荡局面的腐败行为的冰山一角，就让人笑不起来了。中国官员的所作所为无论好坏，都不仅会对我们有所影响——从美元的币值，到美国的利率水平，再到我们呼吸的空气的质量——它还可能是美国政府之外对我们影响最大的因素。

人们有理由担心。杰弗里·贝德(Jeffrey Bader)曾任奥巴马总统的中国事务高级顾问，撰有《奥巴马与中国崛起》(Obama and China's Rise)一书。他说，"中国领导人将其经济从一潭死水发展为世界第二大，其中展现出一种胆识；但在发展民主制度，更重要的是发展善政和廉政方面，毫无疑问未能体现出与之匹配的胆识。"他还指出，如果中国领导人不处理这一问题，"那么，将涌现更多的腐败，与普通民众更加疏远，冒出更多的稳定问题。那样的话，不仅对中国不利，还会对美国不利，因为两国的未来息息相关。"

*　　　　*　　　　*

《一百岁感言》

文：杨绛

我今年一百岁，已经走到了人生的边缘，我无法确知自己还能走多远，寿命是不由自主的，但我很清楚我快"回家"了。

我得洗净这一百年沾染的污秽回家。我没有"登泰山而小天下"之感，只在自己的小天地里过平静的生活。细想至此，我心静如水，我该平和地迎接每一天，准备回家。

在这物欲横流的人世间，人生一世实在是够苦。你存心做一个与世无争的老实人吧，人家就利用你欺侮你。你稍有才德品貌，人家就嫉妒你排挤你。

你大度退让，人家就侵犯你损害你。你要不与人争，就得与世无求，同时还要维持实力准备斗争。你要和别人和平共处，就先得和他们周旋，还得准备随时吃亏。

少年贪玩，青年迷恋爱情，壮年汲汲于成名成家，暮年自安于自欺欺人。人寿几何，顽铁能炼成的精金，能有多少？但不同程度的锻炼，必有不同程度的成绩；不同程度的纵欲放肆，必积下不同程度的顽劣。

上苍不会让所有幸福集中到某个人身上，得到爱情未必拥有金钱；拥有金钱未必得到快乐；得到快乐未必拥有健康；拥有健康未必一切都会如愿以偿。

保持知足常乐的心态才是淬炼心智，净化心灵的最佳途径。一切快乐的享受都属于精神，这种快乐把忍受变为享受，是精神对于物质的胜利，这便是人生哲学。

一个人经过不同程度的锻炼，就获得不同程度的修养、不同程度的效益。好比香料，捣得愈碎，磨得愈细，香得愈浓烈。

（有感：杨绛---到底是大家！写的文章还是这样干净！看不到一百年的浮尘。）

＊　　　　＊　　　　＊

真爱一生网友

"把权力关进笼子"是二百多年前美国开国总统华盛顿的伟大创举，并且早已成为世界主流社会公认的定理。但是对于广大中国民众来说，还是个崭新概念，因此有展开说明之必要。"把权力关进笼子"，是因为统治者很容易变成比狮虎更凶残的猛兽。与统治者相比，被统治者只是各顾各的绵羊，随时会成为狮虎的牺牲品。不把权力关起来，老百姓就没有安全可言。 孟德斯鸠说"一切有权力的人都会滥用权力，这是万古不易的经验。要防止滥用权力，就必须以权力约束权力"。把权力关进制度的笼子，才能使他只能为社会造福无法为害社会。 所以多说执政相互监督制衡是控制约束权力的最好方式，把权力关进笼子暴露在阳光下，让人民掌控主导权.目前美国的民主宪政制和欧洲日本的君主立宪制都是民主最好的运行方式.世界上没有完美的制度,但是欧美日的民主制度是现在世界上最好的制度,因为社会制度是在不停的推动和完善的.现在真正的臆想出的那种社会主义在北欧,其它的自称为社会主义的国家都是挂羊头卖狗肉愚弄人民.

＊　　　＊　　　＊

看了一段话,觉得很有意思,特摘取下来供赏析:

中行、建行、农行,行行出事; a股、b股、h股,股股下流; 昨天、今天、明天,天天下跌;农民,市民,股民,家家难民; 股市,楼市,车市,市市伤心;面粉,米粉,奶粉,粉粉有毒; 股票,钞票,彩票,票票害人;小官,大官,高官,官官皆贪;二奶,三奶,牛奶,奶奶伤人;

＊　　　＊　　　＊

有几流的人民,就有几流的政府

政治改革是中国共产党的自我救赎,它的前景取决于这个党是否能够超越自身。中共以群众运动起家,骨子里相信民粹主义。另一方面,它对武力有一种从娘胎里带来的崇拜。枪杆子里面出政权不仅是毛泽东的信仰,也是除自由派外所有中国政客的教条。群众不是真正的英雄。历史从来就是少数人创造的。爱因斯坦之所以发现相对论,巴菲特成为股神,恰恰是因为他们从来就不相信群众。正如芦笛所说,无论是林肯的民有,民治,民亨,还是伟大领袖的"人民,只有人民,才是创造世界历史的动力," 都是人类发明的最大谎言。这些美丽的谎言之所以永远不会被拆穿,只是因为所有的政客都需要媚俗,知道歌颂人民是通往权力的最佳途径。

事实上,人民并不神圣,政府未必下流。有几流的人民,就有几流的政府。一群乌龟竞选,只会选出个王八做主席。中共若想成功改革,必须克服人民拜物教,依靠精英,不相信群众。与此同时,它还必须实行军队国家化,把党军变成国军。国家要长治久安,军人必须退出政治,不对政府指手画脚。必须认识到,无论是党指挥枪,还是枪指挥党,都是腐朽的封建思想,最终只会导致动乱。在现代文明社 会中，军队的义务是保卫国家，不是干预政治。

＊　　　　　＊　　　　　＊

白宫"春节列为节假日"请愿，美国白宫回应全文

请看今年元月另一华人发起的白宫"春节列为节假日"请愿（需2.5万票，实3.9万票）

以下是美国白宫回应全文：

农历新年快乐！

谨对你们的请愿表示感谢！祝愿你们蛇年快乐。

还是一个孩子时，奥巴马总统便知道庆祝农历新年意味着什么。在夏威夷长大的他，周围到处是举办聚会、巡游庆祝农历新年的朋友和邻居。

这并不是他一人遇到的事。美国人庆祝农历新年，可以追溯到几代人以前。在旧金山——这座城市著名的唐人街巡游自淘金热开始，已经成为一项传统。它吸引了约100万名观众，被广泛认为是亚洲以外最大的春节巡游。

关于今年的农历新年，奥巴马总统说，"在美国和世界各地，亚洲及太平洋岛民将庆祝蛇年到来。在中国传统文化中，蛇象征着智慧，代表着应对我们所面临的挑战的深思熟虑的办法。我希望将继续引领我们的人民，促使我们更加团结，为每一个美国人创造更加公正和平等的未来。"

＊　　　　　＊　　　　　＊

永远爱您---伟大的撒切尔夫人！作为在英国19年的普通华裔定居的我对这位铁娘子无比崇敬，更有一种特殊感受，因为我在撒切尔夫人1950年第一次成功竞选保守党区议员的Dartford（达特福德）市，从1998起生活创业已有15年了，我荣幸踩着撒切尔夫人的脚印走啊走，有多少人曾劝我离开Dartford搬到富人区，我没动心，15年来，我生活事业在撒切尔夫人第一次从政的达特福特，感到由衷的骄傲和高尚。我爱达特福特，爱自由独立，爱那里一草一木，最重要的是伟大的撒切尔夫人和她的从政

处女地值得我深爱！她最伟大的之一是坚信坚守普世价值，与她冷战中结成的灵魂伴侣里根总统一起，说服并影响戈尔巴乔夫，并产生世界性的极其深远的政治和历史意义。

*   *   *

转摘康州校园枪击案网评

不仅民间应该禁枪，全世界都该禁枪，禁武器，不要包容邪恶暴力，不让它们有发泄的渠道和滋生的土壤. 人和人之间不要有对立，活着就是礼物，感谢拥有此生，感谢有缘走进我们生命里的人，原谅他人的不足，从自己的心开始，把感谢，善意，无私的爱播撒向世界，要防范什么，示威什么，也不要报复，不要用邪恶对抗邪恶，让所有的仇恨愤怒都消失，活着不就是一个过程和体验吗，把最好的自己留给这个世界这个过程，人世间会变成一个不需要武力，没有战争和纷争的和乐家园。

后　记

在《微海闲集》整理出版期间，正值我的先生工作变动。我要边出书，边准备卖房搬家，还要照顾女儿。在这个人生并不多见的节点上，我纵有三头六臂，也难期待诸事完美。仓促之下，本书的错误不足在所难免，敬请各位读者多多包涵指正！感谢大家！

宛霞
2016年7月28日

微海闲集——开放在黄昏中的生命之花

作者：宛霞

编辑：徐翔飞、李强，美术编辑：吴蔚

封面设计：宛霞、吴蔚

ISBN 978-1-942286-11-0

美亚出版社 Boston Bilingual Media & Publishing Inc.

2016年8月　/ August 2016

作者简介

苑霞 (Xia Saxe)，原中国地质大学（武汉）经济管理系讲师；1988 年下海到深圳，曾任深圳百仕达实业（房地产）有限公司总会计师、深圳市鹏城会计师事务所证券部经理、高级会计师、中国注册会计师、证券特许资格注册会计师。2001 年移民美国，在美国从事过中国公司到美国金融市场上市咨询、矿产资源项目投资、兼并及收购业务；从事过理财、保险等相关金融工作。现在是一名艺术品及中国古董艺术品收藏及鉴赏爱好者。美国波士顿爱乐合唱团成员，世纪合唱团团现任团长。